hablando sola...

VERGARA

Hablando Sola ® es una marca registrada
propiedad de María Daniela Rivera Zacarías
© Derechos reservados 2008. Producido y distribuido
por Ediciones B México, S. A. de C. V., bajo licencia de
Televisa, S.A. de C.V., Boulevard López Mateos N° 2551,
Colonia Lomas de San Ángel Inn, C.P. 01790, México, D.F.
El logo de Televisa y Televisa son marcas registradas.

Tercera edición, mayo de 2013
Octava reimpresión, mayo de 2016

Hablando sola

D.R. © 2008, Daniela Rivera Zacarías

D.R. © Ediciones B México, S.A. de C.V.
Bradley 52, Colonia Anzures. 11590, México, D.F.

www.edicionesb.mx
editorial@edicionesb.com
ISBN: 978-607-480-437-9

Todos los derechos reservados. Bajo las sanciones establecidas en las leyes, que da rigurosamente prohibida, sin autorización escrita de los titulares del *Copyright*, la reproducción total o parcial de esta obra por cualquier medio o procedimiento, comprendidos la reprografía y el tratamiento informático, así como la distribución de ejemplares mediante alquiler o préstamo públicos.

Daniela Rivera Zacarías

hablando sola...

EDICIONES B

Lo que en una época
se consideraba malo,
por lo general,
es una reedición intempestiva
de lo que en otro tiempo
se tuvo por bueno;
el atavismo de un ideal más antiguo.

FRIEDRICH NIETZSCHE

*Para cada una de las personas
que ha tenido algo que ver en mi vida.*

*Y para alguien muy especial
que está más cerca que nunca,
aunque no la puedo ver:
"¡Tenías razón!
Si el amor fuera paquete,
vendría abierto".*

Índice

Mi historia	11
Prefacio	13
Hablando sola sobre…	
el amor	15
la soledad	33
el corazón	35
el miedo	39
Dios	45
arte	51
cambio	59
belleza	63
el alma	67
la espiritualidad	71
la depresión	75
el tiempo	81
dudas	85

la amistad	89
el poder de las palabras	95
las ganas de morir y las ganas de vivir	101
la felicidad	107
la verdad	111
la guerra	117
padres e hijos	123
lo bueno y lo malo	127
autoestima	133
la libertad	139
lo que soy	141
¿Qué es lo que espero?	145
Quién es importante para mí	167
TR3S . La vida en tres pasos	173
Notas	191
Mi espacio	195

Mi historia

Si me preguntaran qué quisiera borrar de mi vida hasta hoy, no borraría nada.

Sería como quitar una naranja que se encuentra en la penúltima fila de un montón y, al moverla, se derrumbarían todas las demás. Creo que todos los momentos son partes igualmente importantes porque contribuyen a crear la persona que soy. Quizá comparo los momentos con las naranjas porque estamos hechos de lo dulce y de lo amargo.

Desde que tengo uso de razón, cuestiono todo. A los cuatro años, sentada en la parte de atrás del carro de mis papás, tuve mi primera duda. Me pregunté si realmente me seguía la luna. ¡Hoy la luna ya no me tiene tan preocupada pero sí continúo preguntando, porque sigo en la parte de atrás del carro de mis papás! Definitivamente me he tardado en salir al mundo y ser independiente, sin embargo, he saboreado cada instante que he vivido con mi familia. A lo mejor me tuve que tardar más en unas cosas para crecer en otras. Lo único que puedo decir es que nada tiene un límite de tiempo, es lo que decidimos hacer con ese tiempo lo que quizá nos pueda limitar.

Creo que todos en la vida tenemos una tarea y trabajarla es lo único que nos permitirá realizarnos como personas. Mi tarea ha sido descubrir el verdadero sentido del amor y su verdadera sensación. Siento que lo que vale más de una experiencia, como lo es comprender algo con el corazón, es compartirlo. Por esa razón, escribo este libro: para compartir lo más preciado para mí.

Prefacio

Este libro empezó como un diario, por lo mismo es un libro que no tiene ni pies ni cabeza. Me gusta la idea de que no tenga principio ni fin porque la vida es así. Es un libro lleno de cuestionamientos, contradicciones, y sobre todo encuentros. Aquí hay palabras que he reunido para expresar momentos y emociones. En realidad, estas reflexiones son una historia de mi mente fragmentada, de mi corazón y de mis días. He creado un libro de pensamientos rebuscados con palabras sencillas que abarcan temas típicos; sólo que lo rebuscado va encontrando un sentido, lo sencillo se va complicando y lo típico se va transformando en único.

Soy pintora y escribo como pinto: siempre me pinto, todas mis pinturas tienen que ver conmigo, entonces de alguna forma también me escribo porque todo lo que pongo en palabras se convierte en páginas de mi cara, de mi cuerpo y de mis sentimientos. Al escribir sobre mí me he dado cuenta de que escribo sobre lo que todos hemos vivido hasta hoy; he descubierto que llegando a conocerte empiezas a conocer al resto del mundo, y eso no pasaría si no estuviéramos hechos de lo mismo. Así que mis obras hablan de mí y de todos, ¡y yo hablo sola!

Querer abarcar muchos temas en muy pocas palabras es, de cierta manera, un reflejo de mi forma de ser: "impulsiva y extremista", como si fuera ésta la última oportunidad que tuviera para hablar de lo que siento y lo que sé. ¿Pero qué tal si lo es? Por eso hablo del "momento" y de la enorme fuerza que tenemos para transformarlo.

Al final todo tiene que ver con el amor. El amor a todo, no sólo el amor a una pareja o a personas. El amor que sabe distinguir entre lo pasajero y lo eterno. El amor que encierra la satisfacción de que estás resolviendo el porqué de tu existencia. El verdadero amor.

DANIELA

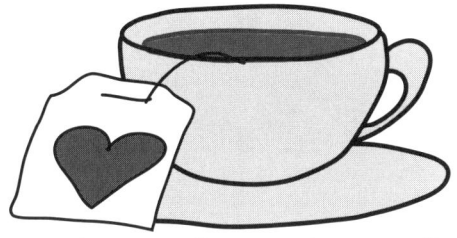

Hablando sola sobre el amor

> A veces estamos con la persona "correcta" por las razones incorrectas, y a veces estamos con la persona "incorrecta" por las razones correctas.

*El amor es... siempre y cuando
el ego deje de ser.*

*El amor confunde cuando quieres entender,
y por fin entiendes cuando el amor se deja ser.*

*El amor más grande es el que aprendes a recibir
aun cuando no es tangible.*

¿A cuántas personas podemos querer o amar en una vida, incluso al mismo tiempo en un día?

Hay tantas formas de querer y de amar, que cada persona que quisiste o amas forma parte de lo que eres hoy. El amor más grande es el de alguien que siempre existe en tu interior, no tanto como un recuerdo sino que está presente en ti, aunque no contigo. Es el amor que aprendes a recibir aun cuando no es tangible. Al ser un amor intangible, se convierte en un sentimiento que sigue viviendo por la fuerza del amor mismo. A veces pienso que todo esto que estoy escribiendo ahora proviene de ese mismo amor; de ese amor que tengo tan presente en mí, aunque no conmigo. Creo que a través de todas las personas que he amado, he aprendido a quererme. La mayoría de la gente te dice que si tú no te quieres no puedes querer a nadie, y creo que tiene razón.

Pero, ¿cómo le haces para quererte? Yo creo que todos quisiéramos querernos más que a nada en el mundo. Creo que quererte a ti mismo es muy difícil cuando no te conoces y, como en cualquier relación, no te puedes enamorar de alguien que no conoces. Yo puedo decir que hasta ahora me empiezo a conocer, porque hasta este momento me empiezo a querer. Aprendes a conocerte a través de la gente que va pasando por tu vida. A veces no entiendes por qué conoces a alguien hasta que ya no está contigo. Muchas veces la ausencia de alguien te dice más que su presencia. La definición del amor va cambiando conforme pasan los años. De hecho, no sólo existe una manera de amar, existe el amor de acuerdo con cada uno de nosotros. Existe el amor de acuerdo con nuestra capacidad de comprenderlo.

Si el amor fuera...

Si el amor fuera número, sería uno.

Si el amor fuera comida, sería un enorme plato de espaguetis. Si el amor tuviera forma, sería círculo. Si el amor fuera animal, sería pájaro.

Si el amor fuera persona, sería un gigante.

Si el amor fuera tela, sería seda.

Si el amor hablara, sería muy incoherente. Si el amor fuera objeto, sería una puerta. Si el amor caminara, andaría descalzo. Si el amor fuera ropa, sería abrigo.

Si el amor fuera un desastre natural, sería un terremoto. Si el amor fuera flor, sería una margarita.

Si el amor fuera color, no sería rojo.

Si el amor fuera risa, sería carcajada. Si el amor fuera lágrima, sería llanto. Si el amor fuera un paquete, no tendría un letrero que dijera frágil. Si el amor fuera médico, no sería cardiólogo, sino gastroenterólogo. Si el amor fuera una carrera, sería arquitectura. Si el amor fuera canción, sería "Bésame mucho". Si el amor fuera letra, sería vocal. Si el amor fuera pintura, sería abstracta. Si el amor fuera poema, no rimaría. Si el amor fuera un refrán, sería "más vale tarde que nunca". Si el amor fuera calle, sería de doble sentido. Si el amor fuera visita, no sería puntual. Si el amor fuera despedida, diría "hasta luego". Si el amor fuera petición... no sería amor.

El amor es inspiración. El amor siempre es la fuente de cualquier creación, es el principio de una idea. El amor es creación. Poder transformar un instante en una eternidad es amor. Si yo amo a alguien no puedo amar sólo una parte de esa persona porque se quedaría incompleta. Cuando amas, creas, nunca quitas.

Ser feliz es encontrar el amor. Alguien me enseñó que el amor no se busca, porque el amor ya está. Y hablo del amor real, que ni siquiera es el amor de pareja, sino el amor que sale de nosotros. Es el amor que crea, que sonríe, que no tiene altibajos. Es el amor que va mucho más allá del sexo, de las promesas, de lo físico, de los retos. Es el amor que no hemos aprendido a dar o a recibir, porque estamos muy ocupados llevando a cabo la definición equivocada del amor. Desde que nacemos nos enseñan que el amor se trata nada más de una emoción entre las personas. Por eso dudamos de un amor eterno, porque las personas somos muy complicadas. Si existe algo que es eterno, es el amor. El amor a todo. A todo lo que tocas, a todo lo que ves, a todo lo que oyes, a todo lo que hueles, el amor a todo eso porque es lo que nos recuerda que estamos vivos, activos y llenos de potencial. El amor real, que no es cuestión de sexos ni de personas. El amor tal y como lo dan los que aman, porque es su prioridad. El amor como un sencillo y cotidiano cariño del diario, un amor con muchas capas. Pero un amor que regrese a ti como cien mil veces. Un amor que, cuando se trate de la pareja, sea amor a todo. El cobarde no sabe amar así. Los cobardes aman sólo con una parte de ellos, que ni siquiera es la parte importante. Aman una parte de su pareja, que tampoco es la más importante, o aman sólo a su pareja y no aman la vida.

Cuando se trata de una persona, ¿qué es lo más importante? Quizá lo que más cuenta es conocer al ser humano que vive dentro del cuerpo que ves, de la persona que ves con los ojos. Existen relaciones donde las personas sólo se ven, donde las personas sólo se tocan, y tocan sólo lo que ven. He estado pensando en las relaciones que he tenido y en cómo las he vivido. A mucha gente, si mi relación terminaba, y no era esa la persona con quien me iba a casar, le parecía que no había valido la pena, y salía a relucir la famosa frase de "estás perdiendo el tiempo" o "perdiste tu tiempo". Qué filosofía tan limitada, pero desgraciadamente así piensa la mayoría de las personas. Perder el tiempo es para muchos no cumplir con las expectativas de una sociedad, es no ajustarse a las normas impuestas por los seres "no auténticos". Los "no auténticos" son los que están siempre a punto de rebasar la raya de la meta, sólo que nunca lo hacen; jamás los verás un paso adelante de los demás, porque están preocupados por estar siempre en la meta. Los "no auténticos" son los que no comprenden que hay armonía en el desorden de la vida. Yo me alegro de que la vida me haya puesto fuera del orden de las cosas, de no ser así quizá hubiera caído tan bajo como los "no auténticos".

Las relaciones que he vivido me han dejado mucho, y la que más me hizo crecer y valorar el amor fue la que para el resto de la gente "me hizo daño". Cada relación te ofrece distintos aprendizajes. ¿Qué es lo real? De lo que he vivido, lo real todavía existe. Lo que no es real, o no lo fue, se olvida. Para mí, lo real es lo que nos hace crecer. Muchas veces me siento mal por no ver un crecimiento en mi vida, pero cuando menos me lo espero pienso de una forma en la que no lo hacía antes. Lo que antes me dolía, ahora me da fuerzas, y lo que antes calificaba como un fracaso, ahora lo considero un escalón hacia arriba. ¡Es cierto que lo que no nos mata nos hace más fuertes!

Cuando pasamos por diferentes relaciones de pareja y luchamos, muchas veces no peleamos por lo que nos brinda la relación, sino por lo que nosotros pensamos que debería de ser la relación. En realidad arrastramos con nosotros cosas de las últimas relaciones a la más reciente, y es ahí cuando empezamos a despertar, y curiosamente le contestamos a esta persona lo que hubiéramos querido decirle a la otra. ¿Por qué nuestro cuerpo no puede distinguir entre personas diferentes? Tal vez ni siquiera se trata de lo que el cuerpo siente, sino que nada más no creemos que podemos. No creemos que podemos cuando tenemos enfrente una relación "diferente". Quizá todos en algún momento de nuestra vida nos paralizamos ante un deseo. Un deseo que representa el "deseo de todos los deseos": ¡El deseo de no volver a fracasar! Y es eso mismo lo que nos paraliza. Por eso existen las relaciones que duran años, en las que les da miedo el compromiso.

"Qué miedo que fracase con alguien que quiero tanto". "¡Qué horrible sería perder a la persona que más he querido!" ¡Pero la pierdo porque me da miedo perder! Qué incongruente se oye, pero qué cierto es.

¿Cuántas veces preferimos estar solos porque nos duele demasiado desprendernos? Preferir eso es vivir a medias y perdernos de una experiencia completa.

Hoy quiero sonreír después de haber llorado por mucho tiempo. Lloré por alguien que sigo queriendo con toda mi alma, aunque de una forma mucho más libre y completa. Nadie le pertenece a nadie. Aprendí que las personas van llegando a tu vida cuando deben llegar. Por algo, siempre por algo.

Algunos de nosotros somos carbones, otros se encargan de comprimirnos y pulirnos con el fin de convertirnos en diamantes. Así como llegan las personas, hay que dejarlas ir, pues no hay amor más grande que el que dejas ir cuando el viento se lo quiere llevar. Duele dejar a alguien que amas tanto, aún cuando crees que ya no quieres a esa persona, porque, ¿qué tal si todavía la quieres? Pienso que duele más querer retener a alguien que dejarlo ir. En la vida, todo se compone de "momentos". Por un momento he llegado a ser y a pensar tantas cosas. Un momento cambia, un momento salva, un momento destruye, un momento es todo, y los momentos nunca dejan de existir. "Maldito el momento, y bendito el momento". Y el amor es un momento.

¿Qué es lo importante de lo que queda cuando nosotros ya no estamos aquí? Quiero pensar que todo aquello por lo que luchamos en esta vida se va con nosotros, pero no es así. Siento que por lo que más luchamos es por los objetos materiales, y ése es el problema. Lo que nos llevamos es lo que en verdad llegamos a aprender, lo único que nos llevamos es el amor que recibimos y el que dimos y, sobre todo, nos llevamos lo que supimos dejar ir. Ahora más que nunca entiendo que el amor es un hecho. El amor es un hecho que se mueve, se transforma y se va colando o se va moldeando a lo que uno podría llamar existencia. ¿Qué sucede con un ser que deja de amar?: deja de existir. El amor no es un corazón, el amor es un círculo. Ayer me di cuenta de qué tan maravilloso es verse en los ojos de una persona y saber que no es un reflejo, sino que realmente estás adentro. La alegría que brota de las personas sinceras es la base del amor. Los años han hecho del amor un sinónimo del dolor. Si yo hubiese escrito esto hace un año, diría que el amor es dolor. El amor es todo, menos dolor, es la ausencia del dolor. El dolor es el problema que tenemos con las ataduras y el poco conocimiento del amor. El dolor es el miedo a que el amor deje de ser. El dolor es el rechazo a descubrir que hay algo mal. El dolor existe cuando no entendemos el amor. Así que el dolor nos indica algo. ¿Entonces qué hacemos si lo sentimos cuando amamos? Quizá el dolor es el momento justo cuando estamos a punto de comprender lo que "es el amor", y justo cuando estamos a punto de comprender lo que "no es el amor". Es exactamente el punto medio, como lo es el cero en una línea de números positivos y números negativos. Todo parte desde cero y a la izquierda tienes los números negativos, a los que en realidad se les llama "imaginarios". A la derecha, se encuentran los números positivos, que son los "reales". Sin embargo, los dos trabajan juntos para llegar a un resultado. ¿Qué quiero decir? Que en una relación hay que vivir lo negativo y lo positivo. Cuando estamos en el lado izquierdo de la línea, del lado "negativo", nos encontramos en lo que nos "imaginamos" que es el amor. Cuando nos ubicamos en el lado derecho de la línea, del lado "positivo", estamos en el amor "real". Cuando estamos en el cero, nos encontramos en un lugar clave, al que yo llamaría el corazón. Se necesitan ambas experiencias, positivas y negativas, para crecer en una relación y el dolor que nos indica el corazón para poder distinguir.

Mi hermana está en un proceso difícil, por el que yo ya pasé, que es el de comprender que no hay que retener lo que puede o debe volar. ¿Por qué lloramos cuando supuestamente hemos dejado de querer? ¿Qué no debería de ser más fácil dejar ir a quien ya no quieres? No es que ya no quieras o que sigas queriendo, es que no aceptas la realidad. Es llorar por no aceptar situaciones nuevas y diferentes, y esto ni siquiera tiene que ver con el amor. Mi hermana siempre se pregunta por qué las parejas que "ni al caso" acaban juntas y las parejas que son las supuestamente ideales acaban separándose. Esto tiene que ver con las personas, no con el amor o la suerte y quizá ni con el destino. El destino significa tomar decisiones, eso es todo. "Si va a ser, será", "es que le tocaba", "matrimonio y mortaja del cielo bajan", todo esto está relacionado con las decisiones que tomamos y que nos van llevando a otras, que a su vez nos van conduciendo a otras. De alguna forma, todos estos dichos nos liberan de la responsabilidad de tomar decisiones. Volviendo al tema de mi hermana y al proceso en el que está viviendo con una persona a la que quiere mucho, me gustaría reafirmar lo importante que es reconocer que el amor real nunca desaparece y que el que duda de su trascendencia lo acaba matando poco a poco. Todos tenemos momentos en nuestras vidas en los que nos topamos con una persona que nos hace cuestionarnos. A veces tendemos a rechazarla porque, al cuestionarnos, nos comprometemos a descubrir sentimientos que estaban guardados en la "caja de las molestias". En la caja de las molestias guardamos las emociones que creemos que apartándolas van a desaparecer, pero en realidad nos hacen crecer y seguir adelante. Hasta que una persona, que está mucho más en contacto con nuestro ser que nosotros mismos, nos lo hace ver. Las personas que nos hacen cuestionarnos, que a veces no nos quieren aceptar tal y como somos, pueden ser personas clave en nuestras vidas. Es increíble, pero sí existen personas que no se cuestionan nada, que se pasan la vida adjudicándose creencias sin saber por qué, como si las maneras de pensar o de vivir se pudieran coleccionar. Existen personas que no se cuestionan nada porque están acostumbradas a recibir de la vida sólo lo que viene en la canasta básica de las vivencias, como es vivir una vida rutinaria, sin riesgos, sin contradicciones, sin dudas, con horarios que marcan hasta su estado de ánimo. No se cuestionan nada por el miedo a cambiar. De alguna manera siguen cambiando los que creen que no cambian, por el mismo hecho de que todo cambia y de que nunca somos los mismos. Alguien dijo que "nunca te puedes meter al mismo río dos veces, porque siempre se está moviendo".

A veces nos entra la desesperación y queremos solucionar toda una relación en un día o lo más rápido posible. El problema de la desesperación no está en lo que quieres solucionar, sino en ti, porque la necesidad de ver un cambio inmediato en tu vida marca el grado de infelicidad que tienes. Me refiero a la desesperación como una necesidad. Cuando tu cariño por algo o por alguien se convierte en una necesidad, que a su vez se convierte en un "tiene que ser", entonces lo que pesa es la definición de cariño que llevas contigo. ¿Qué puede ser tan necesario que te has olvidado de lo que de veras importa? El grado de necesidad que puedes tener por alguien es el grado de insatisfacción que tienes en tu persona. De esto me di cuenta cuando llevé una relación en la que me olvidé por completo de mí. La necesidad que yo sentía por esa persona no tenía nada que ver con el amor que le tenía, sino con el amor que yo no me tenía. El amor existía definitivamente y fue tan real, que hasta hoy me doy cuenta de que permanece conmigo, sólo que hoy soy una persona mucho más completa y puedo ver lo que antes no podía. Nada en la vida es más importante que la vida de uno mismo. Es increíble cómo te llega la certeza en un momento de tu existencia, cuando empiezas a darle la importancia necesaria a tu persona. La vida nos empieza a dar respuestas sin pedirlas, porque estamos listos para saberlas. Me refiero a listos para saber, porque la vida no te da nada que no estés listo para recibir. La vida te brinda experiencias que te preparan para las siguientes, y cada vez que las tomas con la fe de un proceso, ese proceso será efectivo. Entre más vivencias y procesos tengas, más información tendrás de la vida, y entre más información tengas, mejores decisiones podrás tomar. Es como cuando ves una palabra en el diccionario que nunca habías visto y ahora sabes que la palabra existe y conoces su significado. Desde que supiste de su existencia, la oyes en todos lados y se te hace chistoso que antes no la escucharas. Pero no es que no oyeras la palabra, simplemente no sabías que existía, y tu cerebro ni siquiera la registraba cuando alguien la pronunciaba. Así que imagínate la cantidad de información que hay y que ni siquiera podemos captar, porque no tenemos el interés de averiguar. Por eso pienso que entre más dejemos que la vida nos brinde situaciones, más expuestos estaremos a entender de qué se trata el vivir. En la vida hay niveles de comprensión, de crecimiento, de amor… y depende del nivel en el que estás, el tipo de gente que atraes. Muchas veces te das cuenta de que la persona que te llenaba, ahora ya no lo hace, y eso es porque están en diferentes niveles de comprensión. Cada quien tiene su proceso y son éstos los que frecuentemente nos separan de las personas que queremos. Pero parte del verdadero crecimiento es aceptar que existen caminos diferentes y que siempre es mejor seguir uno desconocido que uno conocido que puede llevarte a continuar una situación que no tiene rumbo. Cuando conoces a una persona que está en tu mismo nivel, comprendes, simplemente "comprendes".

El amor, de alguna forma, siempre regresa.
Bueno, no regresa, siempre está,
sólo que a veces lo vemos y a veces no.

Las medias naranjas no existen,
existen los racimos de uvas.

Hablando sola sobre la soledad

{ La soledad me ha enseñado que el tiempo me pertenece y que el silencio es sabio. }

La soledad me ha enseñado a entender la razón de mi existencia. Sola, puedo encontrar lo que he perdido. Para muchas personas la soledad es estar sin nadie, para mí es estar conmigo. La soledad no tiene nada que ver con la presencia o la ausencia de otros, es un estado. Puede ser positivo o negativo, y es sólo el reflejo de uno mismo. Saber estar solo es necesario para sentirse completo. Querer que alguien nos acompañe para compartir un momento es comprender para qué existen las personas que queremos y nos quieren. Cuando compartes un silencio agradable con alguien es cuando sabes que esa persona es realmente especial. Soledad o no soledad, hay que saber esto: estar donde estás, siempre es importante.

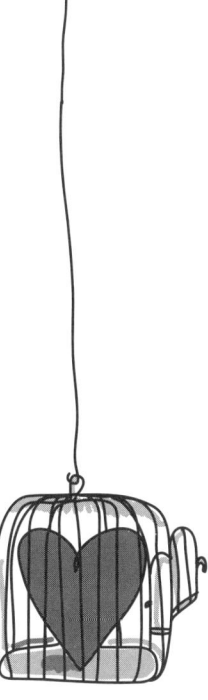

Hablando sola sobre el corazón

El premio por actuar con el corazón
es el resultado que sientes, no el que obtienes.

Los corazones que sufren son los corazones que aspiran a más, pero que cargan tantos lastres que no se pueden mover. ¿Cómo le hacemos para descargar un corazón y seguir adelante? Cuando no olvidas es cuando se puede seguir. La mayoría de la gente te dice que para seguir adelante hay que olvidar, pero no es así. No hay que olvidar a un amor para querer a otro, hay que reconocer qué tan grande fue o es, y darle un lugar en tu vida, llevarlo contigo y aprender a compartirlo con el resto del mundo. Con esa seguridad, toma en tus manos un nuevo amor. Puede oírse tan ridículo, pero es tan cierto, que cuando amas con completa sinceridad comprendes esta idea. Por eso dicen que hay que saber perder, pero no es saber perder, es simplemente "saber". Cuando los sentimientos no son verdaderos, se olvidan sin que uno trate de olvidarlos; el corazón siempre guarda lo que es real. Querer olvidar es retacar al corazón con un trabajo demasiado pesado.

A veces el corazón siente un encanto repentino, un dolor que parece interminable, una confusión que lo abarca todo. El corazón muchas veces deja de latir, otras cambia su ritmo, a veces late más rápido. El corazón hace todo esto por una razón. Hasta un órgano del cuerpo sabe que no basta con sólo existir y hacer la función esperada.

Las intenciones que salen del corazón son poco reconocidas o premiadas, así como dicen que ser bueno no te deja nada. Un acto hecho de corazón rara vez se hace notar, porque el corazón no necesita de reconocimientos, ni de premios, ni adulaciones.

El corazón en su más simple y verdadera esencia es invisible, y la mayoría de las cosas valiosas no se ven y las que se ven no duran para siempre. El premio por actuar con el corazón es el resultado que sientes, no el que obtienes. Puedes hacer mucho por alguien sin saberlo, igual pueden hacer algo por ti y nunca te enteras. Tengo mucho que agradecer a las personas que han marcado una diferencia en mi vida. Muchos ni siquiera saben que existen para mí y menos que han sido parte de mi crecimiento. Uno de los tesoros más maravillosos de la vida es que ni siquiera sepas que "tú" le cambiaste la vida a alguien, con una palabra, un hecho o simplemente con deseárselo. Qué maravilla que todo permanezca en el anonimato.

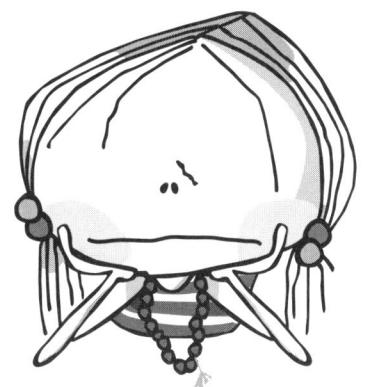

Hablando sola sobre el miedo

> A veces es más grande el miedo que el amor.

En algún momento de mi vida pensé que el éxito se medía con la aprobación de los demás. Para unos el éxito es dinero, para otros, fama. Cada quien tiene su propia versión de lo que significa éxito. Hoy, para mí, el éxito no es material ni social. El éxito es personal. Llegar a realizarte en la vida y no tener que mostrar nada más que una sonrisa es ser una persona exitosa. Hay muchos caminos hacia el éxito y la mayoría de ellos comienza con pánico. El pánico, ante los ojos de muchos, se considera como una limitante. Sí lo es para aquel que se deja dominar por él, como limitante podría ser también cualquier sensación que nos domine. Si nos enseñaran desde niños que el pánico es sólo una reacción a lo desconocido, y no un miedo, tal vez podríamos descubrir lo que está del otro lado de esa sensación. Creo que el pánico es un indicador de que un triunfo se acerca, y triunfar lleva consigo mucha responsabilidad. Todos le tenemos miedo a la responsabilidad. Un miedo auténtico. La responsabilidad es tan comprometedora como la palabra misma y como todas las letras que la forman.

La vida nos pone en situaciones en las que hay que actuar, y la "habilidad de responder" significa responsabilidad. Si de la misma manera como nos llega cada situación, reaccionamos, la sensación de responsabilidad se puede ir transformando en un hábito, que no tiene que verse como una reacción inmediata a las circunstancias de la vida. La habilidad de responder se va desarrollando conforme a la demanda. Claro que hay momentos en los que la vida nos pide reaccionar de inmediato ante determinadas situaciones, y muchas veces parece que la vida misma tiene sus razones invisibles que justifican su "mal tacto".

Me he dado cuenta de que soy más niña que mujer, por el miedo a la responsabilidad de ser una mejor persona. Siento que por el miedo a ser mejores, muchas personas se quedan atrás. Se oye ridículo, pero comprometerse a ser mejor persona requiere de grandes esfuerzos y decisiones que al final significan madurar y ser responsable. ¿Qué es lo que nos hace madurar? A cada persona le toca una situación en su vida que la hace madurar y siempre tiene que ver con una pérdida. Se oye lógico tener que perder algo para que uno sienta las ganas de buscar, y cuando uno busca respuestas es cuando comienza a madurar. Cuando uno madura es cuando entiende que la responsabilidad es amor. Ser mujer o ser hombre es tal vez un complemento de ser persona. La carrera de la vida es aprender a ser completamente humano. La tesis es conocerte como mujer, como hombre, y en el camino las dos partes se unen para formar un todo.

A veces es más grande el miedo que el amor, el miedo a dar todo para no recibir nada. Y, ¿qué mejor recompensa que la experiencia de amar? El que ama sabe que recibe de lo mismo que da. Si a ti te da miedo sentir, quizás es por lo mucho que sientes. En realidad, el miedo que sentimos a la vida es por el mismo amor. Resistirse a sentir es de alguna forma darle vida a lo temido. A lo que más te resistes, persiste. Por eso, dejar que te traspase lo que más miedo te da es el principio de un sentido, es conocerte, es un pedazo de libertad. Mientras más nos acercamos a lo que queremos, vamos pasando por un sinfín de emociones: alegría, angustia, felicidad, incertidumbre, incluso dolor. Muchas veces es algún dolor lo que termina por alejarnos más de lo que en verdad deseamos. No es mi intención verle el lado negro a todo, sino al contrario, es aceptar todos los sentimientos que vienen en el paquete de ser, y comprender que de lo negro sale lo más puro. Es confiar en el proceso de la vida con todas sus implicaciones, que así como nos llenan de felicidad, también nos duelen. Dicen que ser valiente no es no tener miedo, sino tener miedo y seguir luchando.

Om Mani Padme Hum

Hablando sola sobre Dios

> Sabes que has encontrado un camino cuando te das cuenta de lo que has perdido.

¿Quién o qué es Dios? Un despertar en medio del caos. Es esencial en la vida de cualquier ser humano la búsqueda de Dios. Conocer a Dios es conocerse uno mismo. Así como cuando uno dice que quiere "encontrarse", el verdadero encuentro es el de Dios. Nacemos con ese conocimiento y conforme nos vamos alejando de Dios vamos perdiendo la memoria de lo que significa. En mis manos tengo el poder de cambiar mi vida. Al decir que todo está en manos de Dios, en realidad todo está en mis manos por el simple hecho de que Dios trabaja a través de nosotros. Al decir "Si Dios quiere", en realidad estoy diciendo "Si yo quiero", y decir "Que Dios te lo pague" es recordarle a alguien que todo lo bueno siempre se te regresa. Aquí no niego la existencia de Dios, sino que la reconozco como una fuerza activa que no se presenta mientras pensemos que Dios juzga o castiga o que está relacionado con lo moral o lo social. El Dios en el que yo creo es un Dios que tiene fe en mí. La fe más grande es el amor y con suficiente amor puedes crear lo que sea. Creo que Dios es todas las preguntas, todas las respuestas y todas las dudas. La imagen de Dios se va transformando a través del tiempo. Su cara cambia como cambiamos todos.

Me gustaría aclarar que hablar de Dios no es lo mismo que hablar de religión. Porque una religión se organiza, se aprende y condiciona. Dios no tiene reglas, no se aprende; "se nace". Una religión tiene principio, Dios es y siempre ha sido. Yo aprendí a "rogar", no a "orar". Me acuerdo de las palabras: "Roguemos a Dios", ¡mi religión me enseñó a pedir y no a lograr! Me enseñó a tener fe en alguien más grande que yo. ¿Es Dios alguien más grande que yo, o soy yo alguien tan grande como Dios? Mi resumen de Dios es el siguiente: "Si sufro estoy cerca de Dios. Si soy feliz, conozco a Dios. Si sé, soy Dios". Yo no sé si Dios está en una iglesia, en un templo o en una estatua, lo único que sé es que Dios se encuentra donde menos me lo espero. Creo en los milagros. No creo que todo deba tener una explicación, y quizás un milagro la tenga, sólo que todavía no la conocemos. Querer una explicación de algo es esperar una definición y conforme pasa el tiempo me doy cuenta de que hay tantas definiciones como personas en este mundo. ¿Cuántas definiciones hay del amor? El amor para cada quien es real en su momento. Para mí, hay un filósofo que se acerca más a definir dicho sentimiento. Hegel, en sus lecciones de estética, dice que la verdadera esencia del amor consiste en abandonar la conciencia de sí, en olvidarse en otro de uno mismo y, aún más, en el reencontrarse y poseerse verdaderamente en este olvido.

¿Nadie puede ver que si soportamos tanto dolor es porque en la vida hay mucho más amor que nos ayuda a aguantarlo? La razón de vivir es encontrarle un sentido a esta existencia. Lo más importante es saber que todos estamos lidiando con el alma y que nada tiene que ver esta ropa con la que nacemos.

Nada tiene que ver con el Dios en el que creemos, porque todos estamos mirando de frente a un mismo Dios. Todos nos estamos mirando de frente el uno al otro. Y, total, la "verdad" qué importa; importa la emoción de cada hecho; ésa es la verdad tuya y mi "verdad". El amor es lo único que existe y nos llena. El amor abarca todo. Qué dichoso el que sólo tiene amor para dar. Una persona sin complejos, sin expectativas, dispuesta a recibir de una persona sólo lo que ese ser humano puede ofrecer.

Qué dichoso el que no sabe juzgar, el que no habla por hablar, el que comprende. Qué dichoso el que encuentra paz.

Estamos en una era llena de posibilidades, llena de información y ya nada es igual. Hoy existen muchas opciones y la libertad de tomarlas. Han cambiado las reglas de la vida y definitivamente lo han hecho para bien. Muchos creen que han cambiado para mal, pero el que piensa así es el que no tiene interés en cambiar con el movimiento del tiempo. Todo cambio positivo debe pasar por una crisis y un caos, y eso es lo que estamos viviendo. Existe el caos porque hay diferentes opiniones, y existen las crisis aun para los que se resisten a conocerlas. Vivir en el mundo de hoy requiere de flexibilidad en todos los aspectos. La religión, el amor, la moral, ahora todo se concentra en una sola fuerza: en lo esencial, que es uno mismo. El Dalai Lama dice: "Sea o no creyente y fuere cual fuere su religión, es deber del hombre perseguir la felicidad".

Así que la religión no es importante, es lo que hacemos para ser felices lo que nos une a Dios.

¿Impresionismo?

Hablando sola sobre arte

Ni el arte ni la vida pueden etiquetarse.

Siempre he pensado que una obra de arte que trasciende no tiene nada que ver con la obra en sí, sino con eso que plasmó el artista cuando la creó, con ese algo que sale del alma. Como diría Antoine de Saint-Exupéry en *El Principito:* "Lo esencial es invisible a la vista". La esencia es más grande que los problemas, las mentiras y las máscaras de una persona. No hay nada en el mundo que la opaque. La esencia, según Aristóteles, en el *Diccionario de Filosofía* de Nicola Abbagnano, es la respuesta a la pregunta "¿qué es?" Otra concepción de la esencia, como sustancia, es aquello "que enuncia lo que la cosa no puede dejar de ser y es el por qué de la cosa misma". Me parece que la definición de la esencia a la que yo me refiero se acerca más a la primera, pero en lugar de ser la respuesta a la pregunta "¿qué es?", creo que la esencia del ser humano es la respuesta a la pregunta "¿quién es?"

Dijo un sabio llamado Francis Bacon: "No hay excelente belleza que no tenga algo extraño en proporción". Considero al amor una excelente belleza. No creo que exista proporción en el amar pero sí la hay en el querer. El amor es enorme, y dentro de tal enormidad tiene que existir algo que nos saque de lo normal, de lo esperado, de lo convencional. Cuando esto sucede, es amor. Sé que unos podrían decir que estoy confundiendo el amor con la pasión, pero yo considero amor a la pasión, como otros consideran amar al querer. Es necesario recordarme que todo lo que yo creo está basado en que "la verdad" no existe, sólo existen las filosofías. Así que mi manera de ver el amor es sólo eso, un punto de vista personal, por lo que querer quitarle validez a otras formas de amar es limitar al amor mismo. También considero el arte como algo que no se debe comprender, porque comprenderlo es limitarlo. Y considero maravillosa una obra de arte con desproporción. Una obra que encuentre orden en el caos es una forma de llegar al punto más sincero del arte. No creo en los críticos de arte, pero sí creo en las obras que trascienden, así como estoy segura de que existen personas especiales en este mundo. Una obra de arte no es arte, es una obra de la vida, de un sentimiento, de una emoción, de una gran confusión o de un gran encuentro.

El pintor pinta. El artista no sabe pintar,
ni cuándo pintar, ni para qué pintar.
El pintor te explica con certeza de qué se trata
su obra, el artista no entiende su obra.
El pintor admira lo que hace, el artista
sólo goza de lo que no se enmarca.

Para mí, ponerle nombre a un cuadro es absurdo. ¿Cuándo has visto que cuelguen un cuadro en una casa con el título de la pintura abajo? Para un cuadro que exprese lo que el artista plasmó, el título sale sobrando. "Sin título" abarca mucho más. Cuántas cosas en la vida serán mucho mejor "sin título". La vida es como el arte: cuando lo haces de corazón, te sale la mejor obra, cuando lo haces para quedar bien con los demás, es probable que jamás trascienda. El arte y la vida evolucionan con el cambio, porque el cambio es reconocer que existen ciclos, y los ciclos son movimiento. Algunos dicen que la gente no cambia. Yo no creo que sea así. La gente, ¡claro que puede cambiar!, sólo que no está en poder, sino en querer. Querer cambiar es posiblemente la decisión más difícil pero, cuando se logra, es un paso más a la evolución del alma. La mayoría de la gente le teme al cambio. El cambio nunca es "nada". A lo mejor por eso le llaman "cambio" al dinero que te devuelven en la mano. ¡Porque "el cambio" está en tus manos! Parece que todo, pero absolutamente todo en esta vida tiene un mensaje; si lo buscas, lo encuentras. Por ejemplo, todos los días te topas con las tijeras, te tropiezas con ellas. Cuando las necesitas y las buscas, no las encuentras. Entre más las buscas, más se esconden. Así es el amor, la suerte y el dinero; así es la vida.

Estaba pensando en el arte y en lo que éste significa. Estoy leyendo un libro que habla de Jean-Michel Basquiat*, y me llamó la atención que a este artista le daba risa que le pidieran su currículum, porque no había estudiado nada. Tomó un trozo de papel y escribió con faltas de ortografía su fecha de nacimiento, el tiempo que había asistido a la escuela y cuándo la había abandonado (estaba en preparatoria). También anotó que no había sido buen dibujante mientras estuvo en la escuela,

---

*Jean-Michel Basquiat fue un pintor negro autodidacta, de la época de Andy Warhol, que transformaba el grafiti en lienzos que llegaron a valer miles de dólares.

lo cual le daba risa cuando empezó a ganar mucho dinero. Y dijo que, si algún día alguien más le volvía a pedir su currículum, le iba a dar las medidas de sus manos. En el arte, el currículum sale sobrando. El arte habla por sí solo. El arte es arte porque deja de ser lo esperado, lo convencional, lo correcto, lo legal.

Gozar secretamente del caos y la distorsión y saber que los demás piensan al revés mientras que uno es el que se siente de cabeza, no es fácil. Ser alguien que todos los días está esperando una señal divina que lo transporte a un lugar "adecuado", tampoco es fácil.

Es incómodo tener opiniones ridículas, sobre todo cuando de repente tú mismo(a) ya no entiendes nada. Ser amante de la belleza, mas no de lo que otros conciben como tal, es simple y sencillamente poseer la mente de un creador.

¿Qué quiero decir con todo esto?

Que no es fácil ser una persona creativa.

No sé si la creatividad está en todo ser humano o sólo en unos cuantos. Lo único que sé es que el que tiene el don de crear no puede vivir sin hacerlo y va a seguir creando hasta que se muera. El filósofo hindú llamado Osho, en *El libro de la mujer,* habla de la creatividad como una energía que tiene las mismas posibilidades de ser creativa o destructiva. Habla de Hitler y de cómo él quería ser pintor, pero al no pasar el examen de pintura para entrar a la academia, toda esa energía se convirtió en algo destructivo. ¡Imagínate lo que pudo haber hecho si su energía hubiera sido positiva! Creo que la mayoría de las personas creativas que no desarrollan su potencial van orillando sus pensamientos negativos hacia algo destructivo hasta llegar a materializar lo que tienen en la cabeza.

Dentro de tanta incoherencia existe algo muy grande en la vida de un artista, y es cuando crea algo único que encierra una sensación especial. En ese breve momento uno se siente más cerca de Dios que nunca. Y no sabría cómo llamarlo. Quizás esos momentos, aunque breves, valen por todos los altibajos emocionales que tiene un ser creativo. ¿Y qué es lo que nos lleva de ser creativo a ser artista? El que trasciende es el que con una sola obra logra tocar el fondo de tu corazón, y lo hace porque no plasmó una imagen o un sonido, sino un sentimiento. Un sentimiento que nunca se acaba.

Hablando sola sobre cambio

> Son más seguros los momentos inesperados de la vida, que los esperados.

Hoy dejo afuera partes de mí.
Afuera se quedan las nubes que tenía en los ojos,
afuera se quedan las astillas que tenía en las manos,
afuera se queda el pegamento que llevaba en la boca,
afuera se queda el lodo que llenaba mi cabeza, afuera se
quedan los listones que llevaba en el pelo, afuera
se quedan las moscas que anidaban en mis oídos.
Por mí, que regresen las nubes al cielo, "si es que hay".
Que las astillas regresen a los árboles. Que el pegamento
encuentre otro lugar en donde estar. Que el lodo
se convierta en tierra para dejar al agua correr.
Que los listones adornen a alguien más.
Que las moscas vuelen.
Todo en su lugar, todo donde debe estar.

Quiero aprender a gozar de la vida y hacer lo que me gusta. Ayer vi una película que dice una verdad muy grande. En esta vida hay tres acontecimientos que son seguros: "naces", "te mueres" y "las cosas cambian". Creo que gozar de la vida es darte cuenta de que tu existencia siempre va a cambiar, así como las personas, las relaciones, y uno mismo, y querer detener el proceso del cambio es ir en contra de la marea. Muchos de los conflictos se deben a que no queremos aceptar que el mundo y las personas cambian y que, además, si no lo hicieran, nunca descubriríamos que siempre hay algo mejor y que nunca hay algo o alguien igual. Hay momentos en los que he sentido que las cosas cambian para mal, porque me duele que algo ya no sea igual. En el momento es cierto que así se siente, pero ahora más que nunca me he dado cuenta de que todo tiene su tiempo y que ese tiempo tiene su función. Los acontecimientos nos dejan de aplastar cuando indagamos por qué los tuvimos que vivir y les encontramos su significado.

Hay que cambiar las estrategias en nuestra forma de vivir y de conseguir lo que queremos. No es bueno aferrarse a una manera de ver la vida, sobre todo en el amor. Hay que pararnos en diferentes ángulos de la vida para poder tener otras perspectivas. Existen tantos enfoques que no vemos y tantas posibilidades que tampoco distinguimos sólo porque estamos parados en un lugar que nos impide ver. Si estoy en un *penthouse* con vista al mar, pero no salgo de la cocina o del baño y por lo tanto no lo veo, eso no quiere decir que no existe el mar, es simplemente que no lo puedo observar desde donde estoy.

Hablando sola sobre belleza

La vida se trata de toda la belleza que no podemos ver.

Se cree que la belleza tiene algo que ver con lo que podemos ver, pero no es así. Dice una persona que sabe mucho que la flor puede ser muy bella, pero que es más bello lo que la hizo florecer. Creo que lo que nos hace inseguros es pensar que lo de afuera es lo que cuenta. Hay suficientes ejemplos en la vida que nos hacen ver lo poco importante que es lo visible. Pero no podemos entender todo esto hasta que conocemos a alguien que nos ha cautivado por lo que dice, por lo que hace, por lo que siente y también por lo que no dice, por lo que no hace y por lo que no siente. Todo es tan sencillo como lo sería el nunca rechazar lo que puede tener potencial, sólo porque lo de afuera no parece ser lo que cualquiera llamaría "bonito". ¿Qué es realmente el físico?, ¿una envoltura de chocolate, la portada de un libro, una puerta de acero, una caja de zapatos, una bolsa de piel, la fachada de un edificio? El físico es exactamente eso: todo lo que acabamos por dejar a un lado para descubrir lo que hay adentro. ¿Cuántos de nosotros pasamos toda la vida queriendo ser otra persona? ¡Lo más triste de todo esto es que aspiramos a ser otra persona y eso es mucho menos que aspirar a ser tú mismo! A veces lo que quisiéramos ser es mucho menos de lo que en verdad somos. Creo que es más fácil ser otra persona que ser uno mismo.

Ser uno mismo es ser "el original", es ser desde el principio y no dejar de ser.

Es ahí donde está la belleza. Está en lo que nunca deja de ser.

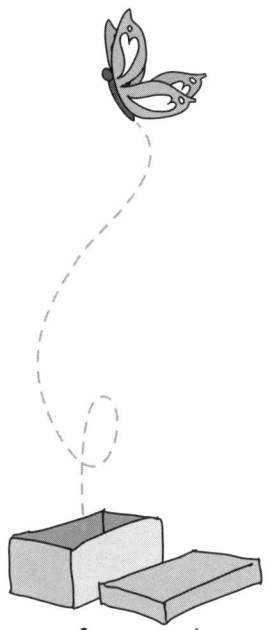

Hablando sola sobre el alma

> El alma vuela con la misma gracia de una mariposa, y a tráves de ella vivimos nuestra metamorfosis.

Hoy me pasó algo diferente y me encantó. Estaba esperando a que el semáforo se pusiera en verde, cuando se paró enfrente de la ventana de mi auto un joven como de diecisiete años, que me preguntó: "¿Te gustaría oír un poema?".

Le dije que sí, y me recitó un poema sobre la soledad que dice que cuando estamos en ella descubrimos el amor real. Así como cuando estamos completamente solos y podemos contemplar el ruido de una gotera, solos aprendemos a contemplar partes del amor que antes no podíamos escuchar ni sentir. Me preguntó si me había gustado y le dije que sí, le pregunté si él lo había escrito y me respondió que no, que era de un poeta del cual no recuerdo el nombre. Lo que más me gustó de todo esto fue que no me vendió chicles ni me quiso limpiar el parabrisas. Me dijo que cooperara con lo que yo quisiera. Le di diez pesos. Diez pesos por un momento en el que aprendí algo importante, por un momento que, de alguna forma, me pertenecía. El significado es el siguiente: escuchar a un extraño puede dejarte mucho más de lo que te dejaría un conocido. Un extraño no sabe nada de ti y te dice justo lo que necesitas oír; yo creo que son las respuestas a las preguntas que hacemos con el alma. Que alguien nos conteste algo que hemos estado pensando, mas no preguntando, es justo eso: una respuesta del alma. Estoy segura que todos hemos vivido instantes que tienen un significado especial.

Hay una mariposa blanca muy grande, que en la época de primavera veo por donde voy. Siempre que la encuentro me recuerda que pase lo que pase existen esperanzas. No me refiero a esta mariposa como si fuera un cuento, pues de verdad la veo y realmente me transmite este pensamiento. La mariposa es metamorfosis. Significa cambio, transformación. Todos estamos en una constante transformación, y cada vez que veo a esa mariposa blanca sé que me espera un cambio que seguramente será positivo. La mariposa blanca también me recuerda al alma. Siento que el alma vuela con la misma gracia de una mariposa y que a través del alma vivimos nuestra metamorfosis. El alma es la sustancia del cuerpo para el filósofo Aristóteles, quien la define como "el acto final y primero de un cuerpo que tiene la vida en potencia". Para mí, el alma es "claridad". Una mariposa es una viva imagen de lo que el alma es y de lo que representa.

Hablando sola sobre la espiritualidad

Nuestro fin en esta vida es espiritual.

La espiritualidad es un lugar al que llega nuestro ser cuando comprende que la existencia se trata de lograr. Una persona espiritual logra descifrar. Logra lo que quiere. Llegar a la espiritualidad es lograr tu profesión en la vida y, como dijo una vez Vincent van Gogh, tu profesión no es el trabajo que haces para ganarte la vida, para poner la comida en la mesa, es lo que haces con tanta pasión que llegas a niveles espirituales.

Creo que alguien realmente espiritual es el que aprende a reconstruirse. Siento que todos nacemos enteros y en algún momento de nuestras vidas nos quebramos y nos desarmamos. La espiritualidad choca con el tiempo del reloj. No conoce de minutos y no sabe de fechas límite, todo es un eterno momento.

¿Es necesario el dolor para llegar a la espiritualidad?

El dolor es el momento clave para crecer. Cuando sentimos dolor en el alma, estamos frente a un puente y ese puente se cruza si vivimos en el dolor, no si lo tapamos. El dolor es un aviso, siempre. Por ejemplo, si no sintiéramos dolor no podríamos darnos cuenta que nos rompimos un brazo o que el apéndice está a punto de reventarse, sin ese aviso no podríamos curarnos.

¡Sin dolor no nos podemos curar! Ningún dolor es más grande que uno porque es una parte de nosotros, y una parte nunca es todo.

Hablando sola sobre la depresión

> Existe un breve momento en la vida
> en el que te sientes más perdido que nunca:
> ese momento es el principio de un encuentro.

Nunca me imaginé la depresión cuando era niña. Lo que es estar encerrado dentro de un interminable hueco, donde las ilusiones se convierten en una piedra en el zapato. Donde te encuentras en "la nada", y ojalá "la nada" fuera nada, pues en realidad es todo. Es cuando todo se convierte en una inútil pregunta que nos lleva a una inútil respuesta: "no sé". Cuando estás en "la nada" parece como si el mundo fuera un gigante y las personas también, y tienes la sensación de que todos te están viendo hacia abajo, hasta sientes el peso de sus miradas y te agota. Hay un momento en la vida de todos, cuando de repente nos encontramos en ese inmenso lugar, tan chiquito. Por experiencia puedo decir que, con excepción de las depresiones clínicas, estar deprimida(o) es una decisión. Uno mismo decide permanecer en un estado de autodestrucción. La mayoría de las depresiones son causadas porque uno no puede aceptar las pérdidas o los cambios en su vida. Deprimirse es acceder a una enfermedad, antes que aceptar un cambio, y nunca es bueno enfermarse, sobre todo enfermarse por querer llenar un hueco en tu vida cotidiana o simplemente por ceder al conformismo. El conformismo es como anestesiar esa parte de tu cerebro que contiene todo lo que necesitas para ser mejor. Hay conformismo en uno mismo, en un trabajo, en una relación y, para mí, conformarte es como morir a medias. Definitivamente cuando uno se deprime es a causa de una vida carente de cambios, una vida estacionada y llena de miedos innecesarios. No sé qué es peor: estar deprimido o ver a alguien que amas perder la esperanza. Cuando me tocó ver en ese estado a alguien a quien de veras quiero, me di cuenta de que gran parte de la depresión es egoísmo. Cuando yo sufrí una depresión, no pensaba en el dolor que le causaba a la gente que me quería, hasta que me tocó verlo en alguien más. No me daba cuenta porque no me importaba esa gente, me importaba sólo yo. Ahora que sé lo que es estar en los dos lados, puedo distinguir con más claridad de qué se trata cuando no quieres despertar y cuando quieres que alguien despierte. Cuando uno empieza a sanar se da cuenta de que la vida es más que un capricho, la vida es un trabajo de diario. Uno se da cuenta de que la vida debe ser más felicidad que sufrimiento y que el sentido de vivir lo encuentras en lo que haces. El sentido de la vida lo encuentras en lo que haces "por ti y por los demás", no en lo que haces "para ti y para los demás". Lo que nos lleva a la depresión no es el darnos cuenta de las equivocaciones, es el no percatarnos de ellas. Quiero crear en mí una fuerza eterna que me prohíba abandonarme. La depresión es algo que existe cuando dejas de existir. No dejes de existir, porque nada resuelves cuando no estás. Aprendí que la naturaleza del ser humano es hacer todo para ser feliz; sufrir no es la naturaleza del hombre, así que cuando creas que tocaste fondo, créelo y haz algo. No debes permitir que te domine un sentimiento de fracaso, porque el fracaso está en el dejar de luchar. Hay momentos en la vida que parecen tener todo a su favor y momentos en los que no encuentras la salida, la diferencia entre estos dos momentos es la actitud. Las emociones son siempre indicadores de algo importante. Así como nos da un dolor de muela porque la pieza está picada, nos da un dolor en el alma cuando hemos pasado por algo que nos afecta. ¿Por qué queremos acabar de inmediato con un dolor de muela y no con un dolor que abarca todo nuestro ser? Quizá porque todo en esta vida lo queremos rápido y fácil. Una depresión no se cura de la noche a la mañana, es un proceso. Un proceso que requiere de ganas. La autoestima es lo más importante que uno debe alimentar cuando se trata de curar una depresión. ¿Cuánto te quieres en verdad? La pregunta más importante es: "¿Estás poniendo tu felicidad en las manos de alguien más?".

Las grandes desilusiones ocurren cuando creemos que otra persona nos debe hacer feliz. ¿Te imaginas cuánta responsabilidad le estás dando a la persona que "supuestamente" quieres tanto? Y no sólo eso, sino con qué facilidad abandonas lo que te pertenece a ti. Sólo tú puedes hacer que tu vida sea lo suficientemente valiosa para que te llene a ti y la puedas compartir con los demás. De las depresiones salen cosas buenas cuando las tomamos, por lo que deben ser un crecimiento. No hay que temerle a lo que no conocemos ni a lo que aparentamos conocer; de acuerdo con Ron Leifer, en su libro *El proyecto de la felicidad,* "la aceptación de la confusión es un paso a la claridad". Se puede decir que una depresión es una confusión.

Hablando sola sobre el tiempo

Todo tiene su tiempo, y ese tiempo tiene su función.

Hoy:

*No dudes de ti. Cree en todo y en todos.
Cambia muchas veces de opinión. Piensa sólo
en lo que te hace sonreír. No dudes de nada.
Si hoy cambias de opinión no es que dudes,
es que has aprendido que hay opciones.
Empieza lo que tanto tiempo has planeado.
Termina lo que dejaste a medias. Pon en práctica
lo que aprendiste. Habla de tus sentimientos.
Cambia lo que no te gusta. Agradécele a alguien
que te ha ayudado. No pienses en mañana.
Dile a esa persona, a quien no te atreves a hablarle,
lo que le quieres decir. Haz esa llamada que tanto
has prometido hacer cuando te encuentras a un conocido
en la calle. Disfruta lo que tienes.
No llores por lo que todavía no es tuyo. No llores
por lo que no se te ha perdido. Ten paciencia.
Sé fuerte. Acepta. Piensa que hoy es lo que tú quieres
que sea. Apúrate a sanar porque, si pasa algo que
te duela, piensa que hoy es lo único que tienes.
Es tu vida, así que hoy haz todo lo que tengas que hacer.*

Todos los días nos topamos con palabras de autoayuda, unas no nos afectan en nada y otras sí nos llegan, todo depende de nuestra actitud. Es algo bueno querer ayudarnos porque, si no nos ayudamos, el auxilio que viene de fuera no sirve de nada. Al decir que hoy es lo único que tenemos, no me refiero a hoy como la última esperanza, me refiero a hoy como literalmente lo único que existe. Así de cierto es. Lo único que existe es hoy. Ayer es sólo una palabra que nos ayuda a ubicar un pasado, y mañana es una palabra que nos ayuda a ubicar un futuro; pero siempre que estamos creando algo, cuando estamos activos, cuando nos damos cuenta de que algo pasó o está por pasar se encuentra en el presente, que es hoy. Ayer, hoy y mañana están pasando en un mismo tiempo, sólo que todo se reúne en hoy. Es por eso que con frecuencia decimos: "parece que fue ayer", refiriéndonos a algo que pasó hace años, porque los años no existen; lo que pasó fue hace sólo un momento.

Como científicos, hemos fragmentado el tiempo en segundos, minutos, horas, días, semanas, meses, años… hemos aprendido a vivir así para poder organizarnos, pero si no fuera de esta manera, toda una vida sería un enorme momento, ¡y efectivamente lo es! ¡Por eso hoy es toda tu vida!

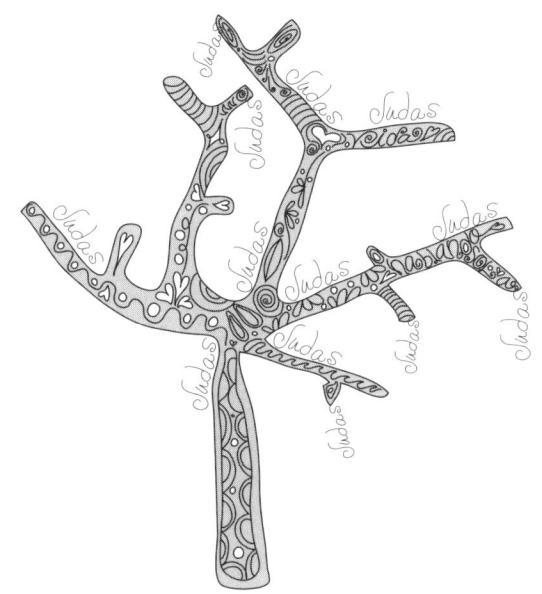

Hablando sola sobre las dudas

No saber es parte del misterio de la vida.
Saber es penetrar el sentido de la existencia.

Un laberinto lleno de preguntas y respuestas no tendría sentido si no tuviera dudas. Las dudas son el puente que nos lleva a la razón. Una duda que no sirviera de nada, sería una duda sin rumbo. Una duda sin rumbo sería cuestionarte algo y dejarlo sin responder. Si para avanzar tuvieras que contestar cada pregunta, te atorarías si te quedaras en la duda. No te serviría de nada una duda, si no averiguas la respuesta. Nos vamos quedando atrás en la vida, si no resolvemos las dudas que tenemos. Muchas veces esas dudas nos llevan a otras y esto puede llegar a convertirse en un eterno laberinto; sin embargo, siempre y cuando estemos averiguando, seguimos andando y, al darte cuenta de que ya llevas mucho camino recorrido, ya no permites quedarte en la duda. Es horrible quedarte a medias y ver cómo todos te pasan; es horrible, porque el responsable es uno mismo. Todos nacemos con preguntas, respuestas y, más que nada, con dudas. Pero son nuestras preguntas y nadie puede darnos mejores respuestas que las que tenemos enfrente de nuestro camino. Es verdad que unos nacen con dudas mucho más grandes, pero quizás es porque son personas lo suficientemente grandes para resolverlas. En la vida, es difícil resolver, pero mucho más difícil es vivir y nunca saber.

Ya llevo tiempo cuestionando tantas cosas en las que antes creía. Creía en todo lo que me enseñaron. Ahora creo en lo que he vivido. Creo sólo en lo que siento, sólo en eso, porque ni en mis ojos o en mis oídos puedo confiar.

Yo no creo todo lo que veo y menos todo lo que oigo, porque muchas veces esto me aleja más de lo real.

Hablando sola sobre la amistad

Para sentir que alguien es especial, basta con saber que puede estar o se puede ir y nada cambiará.

¿Por dónde empieza una amistad? A veces no sé qué es amistad y qué es simplemente amor. ¿Y si no existiera tal palabra? No sé hasta dónde es bueno expresarle tu cariño a un amigo(a), porque de alguna forma las acciones son las que supuestamente catalogan los sentimientos. No creo que los sentimientos profundos se puedan distinguir, porque se confunden y saltan a la superficie sin aviso alguno. Es cierto que hay diferentes formas de amar, pero ¿qué tal si todo es amor y al ponerle nombres a las relaciones las limitamos? No es mi intención crear del amor una cadena eterna de sentimientos sin principio ni fin, sólo me cuestiono si todo es amor y si existe la amistad o únicamente el amor.

Hoy pensé en las minúsculas partículas que vuelan en el aire y se juntan para formar malos entendidos entre las personas, y en los misteriosos silencios que existen en cada cabeza. ¿Cuándo es cierto que acertamos: cuando señalamos, cuando afirmamos o simplemente cuando dudamos? Hoy pensé en quiénes son mis amigos y por qué los considero como tales. Los que son mis amigos son los que no veo todos los días ni hablo con ellos diariamente, aunque todos los días pienso en ellos. Hay "amigos" que actúan como si lo fueran y no lo son, porque nada más "actúan". Es fácil actuar: actúan los que tienen algún interés propio, actúa el que hace de una amistad un negocio, actúa el que piensa que la amistad es nada más recibir y nunca dar, actúa el que busca y pasa la vida buscando amistades equivocadamente, porque las amistades se encuentran. Entonces, ¿quiénes son tus amigos? Es bueno tener amigos, pero no es bueno depender de ellos y menos esperar que te den su amistad de la misma forma en que tú la das. Para mí, "amistad" es sólo "compartir" desde un lugar muy especial que se llama sinceridad, que viene de otro lugar más especial que se llama uno mismo. Así que los malos entendidos y "las malas lenguas" y las malas interpretaciones son todo eso, "malas", y el liberarnos del enorme peso de lo equivocado es comenzar a liberarnos de lo que nunca debió haber pesado. Acabo de colgar el teléfono con Ana, mi amiga del alma, que casi no veo, hablamos muy poco porque vive algo lejos, pero siempre está en mis pensamientos y sé que yo en los de ella . Pase lo que pase, sé que nunca va a cambiar lo que sentimos la una por la otra.

Existen los que quieren ser aceptados, y lo peor de todo es que ellos mismos se rechazan. Conozco a alguien así, y él cree que nadie es su amigo verdadero. Creo que es porque él no sabe quién es y de alguna forma cree que los demás están confundidos como él y, por lo tanto, no son capaces de ser sinceros. Conozco a alguien así, y sí siento feo, porque por un momento yo creí que era mi amigo. Nada dura para siempre, y no hablo de una amistad, hablo de un engaño. Un engaño se cansa y acaba por traicionar a su más fiel compañero.

*Existen personas que ocupan un lugar especial
en nuestras vidas, que queremos y perdonamos
por encima de todas las cosas;
esas personas son especiales porque son parte
de nosotros y, en algún momento, en algún lugar,
compartimos algo que ahora sigue y seguirá
por toda la eternidad.*

amistad = independencia = amor

Hablando sola sobre las palabras

> Muchas veces ni siquiera son las palabras, sino la persona que te las dice.

No me es fácil expresarme con la gente que quiero, a veces quiero decir tanto que acabo diciendo todo lo contrario. Creo que a veces la voz se queda atorada en la garganta y no sale exactamente lo que quieres decir.

¡Es como si un enano maldito se apoderara de las palabras y decidiera que es mejor decir algo que ofenda! Cuando nos arrepentimos, hay que actuar inmediatamente. No creo en el orgullo y mucho menos cuando se trata de alguien que quieres enormemente. Es sabio el que cambia de opinión. ¡Un "perdón", un "te quiero", un "te extraño", de nada sirven cuando se quedan atorados!

Imagínate que eres un vaso al revés y que tienes mucho que decir y mucho que dar. Si nadie te voltea, todos los sentimientos se vuelven al aire y el sonido se acostumbra al silencio. Esto sería una sensación sofocante y creo que podernos expresar es una bendición; poder comunicar lo que estamos pensando, lo que estamos sintiendo, es en verdad incorporarnos al todo. Porque todo se vuelve moldeable en el momento en que decidimos tomar parte, y la vida nos exige participar de la forma más completa y sincera posible, lo que significa compartir tu interior como un vaso que no está al revés. Mostrarnos de adentro hacia afuera sin retener nada, que exista expresión absoluta de parte de todos. Todos tenemos distintas formas de expresarnos y creo que todas deben ser bienvenidas, siempre y cuando se respete la vida. Puede ser peligroso expresarse, porque tal vez una creencia para uno puede ser una ofensa para otro; sin embargo, muchas veces lo que antes nos ofendía después se vuelve parte de nuestra vida o viceversa y, cuando eso pasa, es porque estamos abiertos a escuchar y experimentar para poder escoger nuestros ideales y estilos de vida.

Cuánto poder tienen las palabras en nuestras vidas, el poder que nosotros les queramos dar. Una persona me puede decir algo bueno y quizá no me lo creo, como también me puede decir algo malo y sí me lo creo, o viceversa. Muchas veces ni siquiera son las palabras sino la persona que te las dice.

En algunos casos, las palabras vienen con una voz que normalmente le pertenece a alguien, y hay ciertas voces que no tienen credibilidad.

Pero, ¿por qué darle importancia a las voces que sabemos que no tienen la verdad o, por lo menos, un intento de verdad?

Yo me pregunto, si nos costara dinero hablar, seguramente pensaríamos mucho más las palabras antes de decirlas, pero no nos cuestan dinero, sólo emociones, que para mí son mucho más caras. Pero en este mundo cuando algo tiene un precio por su valor material le acabamos dando más importancia. Así sucede con el cinturón de seguridad del coche. Está el cinturón en el coche para que lo usemos y nos salve la vida en caso de un accidente. Nos dicen que nos puede salvar la vida, pero nos da flojera usarlo o a lo mejor no queremos arrugarnos la camisa. ¡No nos lo ponemos! Ahora te dicen que, si no lo traes puesto, te multan por una cantidad de dinero, por eso ahora la mayoría de la gente sí lo usa. Me molesta ver cómo podemos equivocarnos tanto en el valor de las cosas. El dinero tiene para muchas personas mucho más valor que la vida misma. El valor de las cosas o de las personas acaba siendo como el de las palabras, el que uno le ponga, o el que uno se dé.

Ayer dije algo sobre alguien, pero en realidad no tenía sentido. En el momento sentí que estaba en mi derecho de decir lo que pensaba y, bueno, de alguna forma me estaba expresando. Pero, ¿será expresarte el hablar de otra persona? Creo que ninguno de nosotros tiene el don de poder hablar con la verdad acerca de otro. Lo que pasa es que estamos hablando de ese otro de acuerdo con nuestra verdad. Sólo podemos hablar de nosotros mismos, si es que queremos acertar. Si pienso hablar de alguien, creo que debería de decir lo que esa persona me ha dejado o de lo que quizá no me dejó. Pero yo nunca debería de hablar acerca de lo que esa persona es, porque no hay forma de que yo lo sepa. Si en algún momento dije que hay quienes a veces estamos más en contacto con las emociones o los sentimientos de otros que ellos mismos, es porque existe una conexión por medio de la cual podemos ver por instantes el alma de un ser humano. Pero ni así podría yo asegurar qué es o quién es esa persona. Puede ser que suene un tanto rebuscado, pero en pocas palabras creo que juzgar es un acto errado. Juzgar es grave, porque las palabras son importantes, y como todos tenemos el poder de darles valor, pues hay quien les da más de lo que las palabras merecen y hay quien les da menos. Cuando juzgamos estamos expuestos a que nuestras palabras se vuelvan tan pesadas que nos cueste liberarnos de ellas. No juzgar es entender tantas cosas… ¿Sabes por qué la sensación de juzgar no es buena? Porque es una sensación de equivocación inmediata. En el momento en que juzgamos a alguien, sentimos algo que nos está diciendo: "Cuidado, porque puede que estés equivocado(a)". Y la mayoría de las veces así es.

… **Por algo estás aquí**

Hablando sola sobre las ganas de vivir y las ganas de morir

De todas las cosas que valen la pena, hay una que constantemente pasa inadvertida: la vida.

¿Cuánta verdad hay en una ilusión? A veces pienso que la misma verdad es una ilusión. ¿Necesita uno desilusionarse para saber?

De repente me pregunto qué existirá en el corazón de alguien que se quita la vida. No me interesa lo que está en su cabeza, me importa lo que siente, no lo que piensa. Cuántas personas opinan que es cobardía, sin pensar que quizás es demasiado amor a la vida. Con el tiempo he aprendido que no existen las definiciones concretas, sólo una gama inmensa de opiniones, así como existen los miles tonos de verde. Es increíble cómo las respuestas de la vida las tenemos enfrente de nosotros y acudimos a lo más lejano para entender.

Ponemos en manos de otros seres nuestra propia valía, nos negamos a conocer intensamente a alguien por el miedo de "fracasar" o de "perder". Existe una gran belleza en lo "horrible" de la vida, en el dolor, en la tristeza, en la misma desilusión. Existe el contraste. No me puedo imaginar la sonrisa eterna: sería agotador.

Qué fácil es encontrar lo que no estamos buscando, ¿verdad? ¿Tú qué estás buscando? Yo ya dejé de buscar. Antes quería encontrar algo y no lo hallaba porque no era parte de mí. Parece que cuando llegamos a la tierra es a base de una explosión y nos pasamos la vida buscando los miles de pedacitos que se nos perdieron, hasta encontrarlos y sentirnos completos.

Ya no sé si en verdad se trata de buscarlos o si es mejor dejar que vayan llegando como si fueran imanes. Por eso digo que es más fácil encontrar lo que no buscamos, porque a veces lo que buscamos no nos pertenece, y quizá nosotros no sabemos que nos pertenece hasta que nos llega. Todos somos inicio de muchos caminos y cada uno de ellos tiene un propósito: el de regresar. La muerte ha de ser así. No me siento muy segura sobre el tema de la muerte porque aunque he vivido muertes de personas que he querido con toda mi alma, nunca la he tenido realmente cerca.

Creo que sé más de las ganas de morir que de la muerte en sí, porque es algo que he vivido y no me asusta, porque esas ganas de morir vienen de las mismas ganas de vivir. Yo acepto que no soy una persona muy positiva, aunque con el tiempo he cambiado, porque he aprendido mucho del pensamiento positivo y de su enorme potencial. Pensar que puedes lograr algo es llevar parte de la lucha ganada. Creer es la base de cualquier triunfo. No creer es una lucha inútil. Pienso que es esencial que desde niños nos enseñen a creer en nosotros mismos. Que nos enseñen que todo es posible o, mejor dicho, que nos reafirmen que todo es posible, porque cuando somos niños así pensamos desde un principio.

Al decir que todo es posible me refiero a la capacidad que tenemos de amar. En realidad, el amor es lo que nos da la seguridad para lograr todo. Sin amor no tenemos nada y seguimos en el camino equivocado. Para mí el camino equivocado es el que vivimos sin algún tipo de inspiración y sin comprender nada.

Comprender tiene que ver con saber. Sabes cuando un momento completamente libre de dudas te consuela. Por un momento nada más, pero que es vital para el resto de tu vida. Comprender sólo unas cosas, claro, porque no todo se puede comprender. Son contados los momentos en los que comprendes algo realmente, por eso son tan importantes y necesarios. Lo primero que comprendí yo fue mi razón de amar, por qué y cómo lo hago. Y creo que esto es lo más importante. El dolor más grande que hasta hoy he sentido me hizo saber exactamente por qué estoy en este mundo. Sale sobrando esa experiencia, lo que no sale sobrando es el sentimiento que me hizo ver el camino que me tocaba recorrer. Antes de comprenderlo, lo tuve que despreciar con toda mi alma. Tuve que sentir lo que no era. Para mí fue como tocar fondo, y cada quien llega a ese lugar con diferentes compañeros o por diferentes razones, simplemente llegamos. Sólo para lograr comprender. ¿Qué comprendí hasta hoy? Que el amor no es algo que va y viene. Es algo que no muere cuando llegamos a comprenderlo. El que sufre cuando ama es el que cree que el amor se acaba. Es más: comprendí que al dejar ir es cuando más recibí. Comencé a nutrirme del amor sincero, no del amor que está encerrado en una caja de condiciones, fechas, reglas y definiciones que escribió un día una persona confundida entre el amor y el ego.

El que toca fondo y no comprende nada es quien ya murió. Morir sintiendo el calor del día o el frío de la noche. Morir oyendo, viendo, sintiendo, caminando. Morir sabiendo que sigues vivo es para mí la peor muerte de todas. ¿Cuál es la diferencia entre una persona que se quita la vida y una persona que vive sin querer vivir? No le doy más la razón a uno ni al otro, simplemente pregunto.

Hablando sola sobre la felicidad

Ser feliz no es una meta, es un estado de ánimo que se manifiesta en el momento que tú quieras.

Espero algún día poder deshacerme de lo que no necesito realmente y ser feliz, o tener mucho y así ser feliz. Tener o no tener y ser feliz. No espero tenerlo todo, porque todo nunca es suficiente. Espero algún día llegar a tal nivel espiritual que en mi propia naturaleza esté el poder recibir sin cuestionarme absolutamente nada, como lo hace un niño que no sabe de diferencias entre la gente, sólo de similitudes. Y, como un artista de la vida, espero algún día ver de lejos lo que he creado y no criticarlo, solamente admirarlo.

A veces me creo en un mundo lleno de manchas, unas permanentes y otras que se van difuminando con el tiempo. Las manchas son como heridas. Sé que el tiempo cura las heridas, pero creo que hay algunas que necesitan algo más que eso. Tal vez será mejor si no las viéramos como heridas y así no tendríamos que curarlas. De veras que las cosas son como las vemos, y no todos vemos lo mismo. Parece que la vista no fuera parte de los ojos sino de la piel. Lo que vemos es sólo lo que hemos aprendido a ver. La única realidad que existe es la que nosotros nos creamos. Y es difícil crear una vida feliz, porque nos han hecho creer en una realidad universal: la realidad de que la felicidad no es común. Por eso, cuando nos pasa algo maravilloso, decimos: "¡no lo puedo creer!" La felicidad no es fácil de lograr y quizá por eso es felicidad. La felicidad es muy difícil de lograr cuando vives creyendo que tu vida está en manos de alguien más. En el momento en el que te das cuenta de que tu vida únicamente depende de ti y de nadie más, créeme que si lo que quieres es felicidad, la obtendrás. La tristeza es inevitable porque vivimos en un mundo de dualidades pero, gracias a ella, podemos distinguir los momentos felices. Sin embargo, "¡sí!" podemos escoger entre la tristeza y el sufrimiento, porque siento que la tristeza es un dolor que está en nosotros por el simple hecho de existir, y que el sufrimiento es un dolor que nosotros decidimos tener.

La felicidad es lo que más deseo, y a veces se me hace tan difícil sentirla cuando veo lo que sucede en la calle. Sería más fácil despreocuparme por lo que no me pasa a mí, pero de alguna forma creo que sí me afecta, a mí también me está pasando. Cómo me da tristeza cuando veo a las niñas de los semáforo haciéndole de todo para ganarse su dinero, las veo diariamente, y de un día para otro a una de ellas le cambia la mirada. Sus ojos ya no tienen la misma inocencia, y así van cambiando todas. Las señoras ya muy grandes y también los señores que no tienen a dónde llegar, me afectan porque ninguno estamos exentos de algún día estar así, nadie. Es impresionante que, cuando las realidades de la vida se te quedan viendo directamente a los ojos, te sigues como si nada hubiera pasado o cambia tu manera de pensar sobre muchas cosas. Hay personas que no se dan cuenta de nada, porque siempre ven de frente y se pierden de lo que está pasando a su alrededor. En la vida, ser heroico es ver todos tus retos y tus miedos directamente a los ojos. Lo que es evitable por la razón, no siempre es evitable por el corazón. Ser feliz es una razón de ser para todos, e implica tener la valentía de tomar en tus manos todo lo que abarcan tus ojos, tu corazón, tus brazos, tu mente, tu casa, tu país y todo tu mundo entero.

Hablando sola sobre la verdad

¿Has visto alguna vez a alguien
que tenga en sus manos la verdad
y no la comparta?
La verdad nunca recide
en las manos de un egoista.

*La verdad duele cuando descubrimos
la mentira en la que hemos vivido.*

*Compartir un sentimiento profundo es dar
desde un lugar donde existe el sentimiento puro,
que es lo más cercano que tenemos a la verdad.*

Con todo y que no creo que exista la "verdad", existe una definición general que podemos asociar con la palabra "verdad", y ésta sería la sinceridad. Supongamos que sí existe "la verdad" y, que de acuerdo con la "verdad" que existe hoy, hay algo que sí es seguro: siempre duele oírla o decirla. ¿Y por qué nos duele la "verdad"? ¿No debería de doler más una mentira? Pues en realidad "sí" duele más una falsedad, porque nos duele la verdad al descubrir la mentira en la que hemos vivido. A lo mejor porque no estamos preparados para vivir en total sinceridad. Quizá porque la "verdad" nos pone las decisiones en las manos, y elegir es la más difícil de todas las acciones. Lo cierto es que nunca dejas de tomar decisiones porque, aunque no decidas, decides "no decidir", y esto de alguna forma es decidir. Cuando decides decidir tienes a tu favor que, pase lo que pase, es por ti y por nadie más. A veces lo que decidiste no funcionó como hubieras querido y ése es uno de los riesgos, pero todo lo que vale la pena en la vida implica un riesgo. Hay algo que existe siempre y a todas horas: el arrepentimiento. Muchos dicen que nunca debes de arrepentirte de nada, pero eso es imposible, es más, ni siquiera es una decisión. ¡De repente te pasa!, ¡te arrepientes! Cuando nos arrepentimos hay que tomar otra decisión y esta vez más importante aún. La decisión que confirma qué tan sincero(a) eres en verdad contigo. Esto es lo que yo pienso de las decisiones. Existen todos los días, unas son importantes, otras quizá no tanto, pero ahí están, y es mejor tomarlas, con todos los riesgos que implican.

La verdad es el producto de la experiencia. Esta definición le da una base a cualquier otra que haya dicho anteriormente sobre la verdad. La experiencia te lleva a tu verdad. La mejor sensación en la vida es tener la certeza de algo.

Como cuando te cae encima un sentimiento inequívoco de que estás enamorada(o). Es como la sensación que tienes cuando pones la última pieza de un rompecabezas o cuando contestas en el juego del maratón antes de que se acabe la pregunta, sin usar la opción múltiple. La certeza es de lo que se trata la vida. La medicina no será efectiva sin la certeza, la ciencia tampoco. Por eso hay tantas equivocaciones, desdicha, problemas y desilusiones y, dado que a nadie le importa la certeza, mucha gente se conforma con "casi", "a lo mejor" o "puede ser". Lo bueno es que tarde o temprano te llega la certeza, y desgraciadamente la mayoría de las veces nos llega al comprobar lo contrario. Pero qué bueno es comprender algo.

Yo creo que cuando te das cuenta de que no eres la misma persona que eras hace un año o quizás hace algunos meses, sabes que has cambiado, y cambiar es comprender. Creo que es aquí donde reside la diferencia entre las personas que logran tanto y las que no logran nada en la vida. Tengo muy presente que en un momento dije: "Total, la verdad qué importa", y sigo pensando igual, sólo que me refiero a la "ver dad" como una palabra que lleva consigo una definición concreta que aparece en un diccionario, y ésa es la que no importa.

Importan la experiencia y la certeza.

Todos somos todo. En algún momento de nuestra vida hemos sido buenos para alguien, y, en otros, hemos sido malos para alguien. En algún momento hemos sufrido y en otra ocasión hemos hecho sufrir. En algún momento hemos dicho lo equivocado y hemos hecho llorar a alguien. Hemos sido a veces lo que nunca esperábamos ser, o hemos hecho lo último que esperábamos hacer. Hay quien puede ser una maravilla ante mis ojos, y ante los ojos de otros, todo, menos una maravilla. Lo que quiero decir es que, de acuerdo con cada uno de nosotros, hay una verdad "personal". No hay que hablar, ya que en realidad sabemos quién es quién para nosotros. Y lejos de nosotros puede ser nadie o alguien completamente diferente.

¿Por dónde empezar?

Hablando sola sobre la guerra

Hay una guerra interna que todos estamos viviendo.

Pasó algo horrible en Nueva York: miles de vidas se perdieron en el World Trade Center por ataques terroristas. Es en días como ése que me siento obligada a cuestionar lo que escribo todos los días. Se me fueron las ganas de seguir expresándome con palabras. En un día como ése, la filosofía, la poesía o cualquier obra que salga de la inspiración, de repente deja de tener sentido. Todo lo que uno llega a analizar de la existencia puede sonar tan absurdo. A lo mejor porque siento un dolor profundo por un país que no es el mío, pero al fin y al cabo es dolor lo que siento por personas como yo. Quizá por eso siento tanta incongruencia en mi existir.

Mucha gente ha comentado que Estados Unidos se merecía un incidente como éste, porque nunca sufre las consecuencias de lo que hace en otros países.

Yo no estoy de acuerdo con la guerra y menos con la forma en que el gobierno americano ha reaccionado, pero yo nunca podría decir que alguien se merece sufrir. Los acontecimientos no les suceden a "los americanos" o a "los afganos" o a "los mexicanos", las tragedias les suceden a "las personas", y el juzgar y generalizar es tan ridículo como la guerra misma.

Me cuesta trabajo pensar que, así como yo en este momento estoy escribiendo, estamos viviendo una guerra, y no es sólo una guerra de Estados Unidos contra el terrorismo, es la guerra interna que estamos padeciendo todos.

Siento que ya nada está claro y que necesitamos empezar a vivir con la fuerza que se nos dio para nacer. Puedo cambiar de opinión mil veces en un día, y eso no significa que estoy resolviendo algo, simplemente estoy pensando. Pensar y pensar, a veces nos sorprende con algo bueno, pero muchas veces tanto reflexionar en un asunto nos distorsiona el resto de nuestros pensamientos, como si fuera una especie de contaminación. De alguna forma todo lo que está pasando hoy en el mundo es como una contaminación de pensamientos negativos, que con el tiempo se han ido concentrando y que no les queda otro remedio más que manifestarse. Nadie tiene la razón, porque en realidad ningún país busca la paz, todo es una lucha de poderes. Todo empieza en el momento en que nos consideramos diferentes. Es cierto que tenemos culturas, religiones, costumbres, idiomas y rasgos diferentes, pero nos unen las emociones, de las que nadie está exento de vivir. ¿Por qué si todos sabemos lo que es sufrir se lo deseamos a otro? ¿Por qué no podemos alegrarnos por la superación de otros? ¿Por qué decirle a alguien que Dios lo castigará? Todas esas son armas con las que vivimos día a día, porque no dejamos de pensar en lo que no podemos lograr. Creo que el problema del mundo en estos momentos de guerra es que nadie está actuando con amor, sino con odio.

¿Por qué actuar con odio si hay maneras de ganar una guerra con amor? ¿Cómo detener el resultado de años y años de odio? Todo lo que está pasando hoy es porque todos nosotros lo hemos creado, "¡juntos hemos logrado separarnos!". Viviendo lo que estamos experimentando ahora, por momentos llega a congelar mis deseos de querer lograr algo en la vida, y no debería ser así, porque la vida es eso: retos. Los retos son para los que no aceptan la mediocridad, y la mediocridad no significa ser "nadie", la mediocridad significa ser alguien y no hacer nada.

Si hoy me levanto con ganas de nada, lo primero que hago es pensar en lo que significa nada, y nada quiere decir vacío. Si quiero tener un vacío en mi vida, entonces hago "nada". Cuando permitimos ese vacío, lo que sucede es que se llena de cosas y pensamientos que sólo hacen de nuestro existir un eterno hueco. Si nos levantamos y creemos que la vida nos está dando, con el tiempo recibiremos; pero si nos levantamos pensando que la vida nos quita, un día llegaremos a perderlo todo.

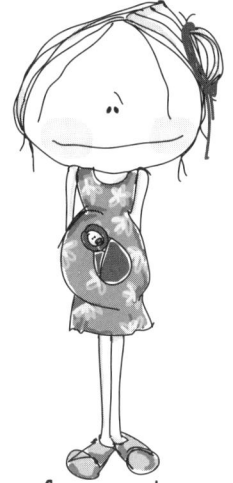

Hablando sola sobre padres e hijos

> Llega un momento en nuestra vida en el que culpar a nuestros padres por lo que hacemos o lo que dejamos de hacer es dejar de crecer.

Qué importante es que los padres les den a sus hijos las armas para salir adelante. Qué real es que no siempre lo hacen. Igual de real es que muchos padres creen que lo hacen. Qué necesario es que un hijo no reproche, ya que los padres no son los culpables. Cuando comprendemos que nuestros padres son personas casi de nuestra misma edad, comprendemos muchas cosas que no comprendíamos antes.

Me imagino que de nuestros padres aprendemos a querer y a expresarnos también, y estoy segura de que nacemos con un pedazo único, con esa parte nuestra que no puede ser contaminada ni aniquilada. Es esa chispa que nos separa al uno del otro y que nos hace brillar. Y eso especial que tenemos y que nunca perdemos, a pesar de la educación y de las vivencias buenas y malas, se va haciendo mucho más grande conforme nos vamos metiendo en lo puro de las cosas. Lo puro en este caso sería lo que pesa en la vida, que no tiene nada que ver con el peso mismo sino con la fuerza de lo esencial, que queda muy lejos de lo material y de los aprendizajes construidos por los que no quieren ver.

Me refiero a la esencia.

Hablando sola sobre lo bueno y lo malo

Nos da miedo esperar lo mejor
y luego no recibirlo.

Siempre vemos primero los defectos en nosotros mismos o en los demás, mucho antes que las cualidades. Es por eso que la mayoría de las veces la gente dice que si no hay noticias es que son buenas noticias. No sé por qué, pero sí es mucho más fácil ver lo malo que lo bueno, quizá porque es más creíble. En los eventos sociales es más probable que la gente se fije en lo que no está bien o en lo que salió mal. Una vez más puedo decir que hemos crecido confundidos entre lo bueno y lo malo, o lo correcto y lo equivocado. Es más fácil ver lo malo porque nos da miedo decepcionarnos después, nos da miedo esperar lo mejor y luego no recibirlo.

Y el verle los defectos a alguien, antes que sus cualidades, es de alguna forma asegurarnos que, mientras exista gente falible, está bien que nosotros lo seamos. Es mejor verle lo positivo a una persona, así como sus cualidades, porque eso nos invita a ser mucho más exigentes con nosotros mismos. Reconocerle lo bueno a una persona es reconocer tus cualidades también.

El destino es como un viaje en la calle, donde existen las señales, los topes, la vuelta en "U"… pero a veces, donde quieres dar vuelta en "U", está prohibido. Existen las personas que te dan el paso y las que se te meten aunque no quieras. También es como un viaje en carretera, en donde están los que te rebasan y los que te obligan a ir más despacio. Existe el retorno, que muchas veces es peor, y siempre hay una próxima salida. Es más… la calle te dice mucho de una persona. No sé si a todo mundo le pasa, pero cuando manejo me siento bien, a lo mejor es porque tengo el control de mi vida por unos momentos, y, efectivamente, lo tengo. Otra situación que pasa en la calle al ir manejando es cuando quedas hasta adelante de todos los coches, el semáforo está en rojo y cada auto le va acelerando un poquito, como si fuera una carrera, hasta que se pone el verde, y viene ¡el acelerón! Si te agarran de malas, te vas de pique con otro coche hasta que uno se desvía. El ser humano es competitivo por naturaleza; es más, para nacer, primero tuvimos que ganarle a millones de espermatozoides. ¡Esto es un gran consuelo, porque ya todos los que estamos aquí somos campeones! Lo que más me impresiona cuando estoy manejando es el poder que tenemos en nuestras manos. Existe un momento en el que frenamos para dejar pasar a los peatones y, durante esos segundos en los que pasan por enfrente del coche, sabemos que si queremos podemos acelerar y acabar con sus vidas.

¡Así de fácil, pero por supuesto no lo hacemos! No lo hacemos porque nuestra esencia es buena; sin embargo, en este simple hecho de la vida nos podemos dar cuenta de que en nuestras manos están las vidas de otros también.

Imagínate: si podemos decidir si alguien más vive o no, qué no podemos decidir con nuestras vidas. Muchas veces me preocupan los pensamientos medio perversos que tengo, como éste de acelerar cuando alguien está cruzando enfrente de mi coche. Me puse a pensar un día, ¿cuál será el propósito de este tipo de ideas? ¿Las tendrán otras personas? Con el tiempo me di cuenta de que sólo son pensamientos. Que todos estamos en el borde o en la raya de la locura, o quizás esos pensamientos los tengo porque constantemente estoy midiendo las posibilidades y las limitaciones que tenemos como personas. Lo único que puedo decir es que, desde que me enteré que muchas otras personas tienen pensamientos innecesarios, me sentí mejor. Cuántas ideas nos pasan por la cabeza sin saber por qué, y muchas veces dejamos que nos interrumpan la paz por el simple hecho de pensar que somos las únicas personas que las tenemos. A estos pensamientos les llamo "pensamientos de maldad". Quizás existen estos pensamientos porque uno es bueno y el único lugar en el que puede experimentar la maldad es en su mente. Pero hay que tener cuidado, porque una persona dijo que no hay mucha diferencia entre un pensamiento y un hecho. ¡Pues claro que hay una gran diferencia! El cerebro es extremadamente complejo, y en él crecen millones de pensamientos, de los cuales un porcentaje salta hacia afuera y el restante se queda. De los pensamientos que se quedan, se van formando equipos, buenos y malos, y entonces empieza la lucha interna que puede crear una enfermedad o una curación. ¿Cuánto poder puede tener un pensamiento? El que uno le dé, me imagino.

"Quisiera cereza que todos quieren"

Hablando sola sobre autoestima

{ Vivir dudando de tu potencial es como firmar un contrato de por vida con el fracaso. }

*No es más importante la persona
que nos cuesta tanto trabajo conquistar,
simplemente nos sentimos menos ante tal persona.*

En una vida, que es muy poco tiempo, todos tenemos la oportunidad de realizar lo que tanto queremos. A veces nos hacemos tontos porque lo que queremos no parece ser lo que desea el resto del mundo para nosotros.

Entonces cogemos ese sueño como si fuera un papel, lo hacemos bolita y lo tiramos a la basura. Y ahí se queda ese papelito, que va de basurero en basurero, hasta que alguien lo encuentra. Ese sueño se realiza de alguna forma u otra, pero quien lo pensó no creyó en él. Eso me da miedo. Lo importante es saber que tu sueño es tuyo, "tú" eres quien realmente lo conoce.

¿Y qué hacemos cuando nuestro corazón nos dicta ir al lado más extraño de nosotros? Casi todos huimos, porque no creemos que pueda ser bueno algo diferente, algo que no reconocemos. Sí, hay veces que el corazón nos lleva a un lugar que pudimos haber evitado, pero no hay nada mejor que sonreír después de haber llorado.

¿Por qué no creemos en nosotros? Porque no podemos ver lo que somos. Hay un ejemplo maravilloso, que proviene de la escuela de la sabiduría antigua de un profeta llamado Ramtha, y que no podría ser más claro. Si tú eres el color rojo de un arcoíris, ¿cuál es el único color del arcoíris que no puedes ver? ¡Pues obviamente el rojo! No puedes ver lo que eres, sólo el reflejo de lo que eres. Sólo cambiando de colores llegas a ver quién eres realmente, si no es así, vivirás dudando de ti.

Hay momentos en que quisiera olvidar lo que soy y experimentar ser otra. Ser la persona que tanto odio. La persona que he criticado. Quisiera ser por un momento la persona que tanto envidio y me encantaría ser la persona que me envidia a mí o la persona que cree que soy feliz, pero sobre todo me gustaría ser esa persona que quise más que a mí. Quisiera olvidar por un momento quién soy, para ser todas esas personas que seguramente me harían querer ser la persona que soy hoy.

Soy mujer y me siento niña. No sé en qué momento dejaré de ser niña o si debo aprender a convivir con las dos. Creo que me he realizado más como persona que como mujer. Quizá se oiga extraño, pero lo siento así.

Quisiera hablar con esa parte de mí que no sabe
quién soy, para poderle decir que aquí estoy.
Cómo quisiera que alguien la viera, porque no la veo yo.
Quisiera entender por qué no quiere ser.
¿Cuánto amor se necesita para que pueda ver lo mucho
que la quiero conocer?
Quisiera hablar con esa parte de mí
que no sabe que soy mujer.

Siento horrible cuando veo la falsedad en la gente. Me afecta porque la percibo muy claramente. Me he dado cuenta de que, conforme te vas conectando con un mundo interior libre de la contaminación social y "moral", te vas acercando más a lo real. Llegas a adquirir un sensor, y se vuelve un instinto detectar si alguien es real o no. Empiezas a desprenderte de un mundo vacío y te sigues de frente. Me da tristeza conocer a la gente que se quedó atrapada en las opiniones de los demás, en los consejos de los demás, en el "qué dirán". Me da tristeza la gente que cree que el arte tiene algo que ver con la fama. Me da tristeza la gente que cree que el poder es prepotencia y que la cultura significa decir palabras que nadie entiende. Me da tristeza la persona que cree que ignorarte es ser importante. Me da tristeza la gente que cree que ganar es el reconocimiento del público o tener un trofeo en la mano. Más tristeza me da la gente que dice: "nunca".

Yo me doy mucha tristeza, cuando por momentos me vuelvo la persona más insegura del mundo y pierdo la fe en mí.

Tú eres eso que tanto quieres ser,
sólo que no lo puedes ver porque no lo crees.

Sé lo que quiero

Hablando sola sobre la libertad

> La libertad existe cuando le cierras las puertas a las opiniones de los demás.

Me he tardado en descubrir que ser libre es "ser". Ser tus pensamientos, ser tus sentimientos, ser todo lo que no eres para descubrir quién eres.

Dejar de ser para volver a ser algún día. Ser lo que quieres ser, ser lo que te dicen que no puedes ser. Ser sin miedo. Cargamos un peso enorme porque creemos que no somos lo que deberíamos ser. Nos enseñan que ser sensible es ser débil. Nos enseñan que ser sincero es no tener tacto. Nos enseñan que ser natural es ser morboso. Nos enseñan que ser fuerte es no llorar. Nos enseñan que ser una dama es reprimirte. Nos enseñan que ser hombre es ser indestructible y nunca dejarse caer. Nos enseñan que el éxito es el dinero. Nos enseñan que ser auténtico es ser ridículo. Nos enseñan que ser diferente es estar loco. Nos enseñan que la belleza es simétrica.

Pero, ¿quién nos enseña a querernos tal cual somos? Creo que llega un momento en la vida de cada uno de nosotros en el que sabemos que algo anda mal. Me he tardado en ver tantas cosas, pero ahora comienzo a ser libre.

Hablando sola sobre lo que soy

> Hoy es un día más en la vida
> de un ser cambiante: yo.

¡De repente cae del cielo un relámpago de negatividad que me pega en la cabeza! Y todo ese amor y toda esa sabiduría que pretendo tener se vienen abajo, así como se caen los niños de los árboles. Muchas veces he querido desaparecer ese relámpago, pero entiendo que es parte de mí y que, así como se levantan los niños, tarde o temprano me levantaré.

Por momentos me siento un listón que se desliza entre los escalones de las emociones. Soy un listón rojo que brilla, que cae sin hacer ruido. Cuando pinto siento que en mi pincel están las personas que más quiero, los sentimientos que escondo, el mal pulso y, más que nada, cada instante de mi vida que decide qué rumbo tomar. Creo que los errores que he cometido, si es que lo son, han sido recortes de cosas infinitamente buenas. Con esos recortes he construido un *collage* y todos los días lo observo. A veces lo veo increíble y a veces no lo veo para nada. Así como abro mi clóset un día y sé exactamente qué ponerme y otro día, habiendo la misma ropa, no encuentro nada. No cambia el contenido del clóset, sólo mi manera de verlo.

*Encuentras un sentido en la vida
cuando haces algo por ti y por los demás,
no cuando haces algo para ti y para los demás.*

*El sentido del humor es como el sentido de la vida,
el que carece de él, se pierde de una gran parte.*

Qué es lo que espero...

No sé si deba esperar algo, porque entre más espero más me desilusiono, y no me refiero a tener paciencia, porque la paciencia es una virtud que pocos podrían presumir que tienen.

La paciencia es creer en el proceso de la vida. Esperar es no creer en ti ni en lo que eres capaz de hacer. Esperar algo de alguien más es cerrar los ojos y pensar que alguien piensa como tú, que alguien ve como tú, que alguien siente como tú y que alguien algún día se convertirá en quien tú crees que deba convertirse. Y no me refiero a "esperar" como esperanza, porque la esperanza más bien es fe. No debemos esperar nada de las personas que queremos, sólo tener fe en ese alguien y sobre todo tenerle paciencia. Y lo mismo va por mi persona: tener fe en mí y mucha paciencia y no esperar nada porque de alguna forma borro de mi futuro todo lo inesperado, que es lo que más gozo en la vida.

Hoy quisiera empezar de nuevo mi comprensión sobre lo que considero valioso. Me siento como una cascada de contradicciones, que al final cae en un mismo hoyo en la tierra, que acaba siendo agua de muchas aguas. Así ha cambiado y cambia constantemente mi percepción sobre el valor que tienen los objetos y la gente. Conocí a una persona mucho más grande que yo en espíritu, en alma, en talento, quien como ser humano está por encima de muchos que han pasado por mi vida. No sé cuántos años tiene, creo que veintiuno o veintidós. Ella tiene algo muy especial: es todo lo que una persona contaminada de "cultura" aspira a ser. Es sincera. Ella dice que si su realidad fuera otra, no sería pobre. "El dinero me pasó a fregar la vida", me dijo. Y yo me pregunto, ¿a cuánta gente que lo tiene también le ha fregado la vida? Ella dice que era mejor en la antigüedad, cuando no existía el dinero y se utilizaba el trueque. Intercambiar una cosa por otra. En sus propias palabras, dijo: "¡Chale, qué maldito inventó el dinero, es lo que yo pienso!".

Me da miedo luchar porque es pavor el que le tengo a la derrota, pero me he dado cuenta de que así he perdido más. Siempre he querido que las personas luchen por mí, porque eso me hace sentir seguridad, pero realmente se trata de inseguridad. No sé si tenga mucho que ver con las creencias machistas con las que crecí. El hombre siempre es el que lucha por la mujer. Qué distorsión de mundo en el que vivimos. Tanto en los cuentos como en las grandes historias de amor, el príncipe siempre va a rescatar a la princesa y ella siempre lo está esperando. Así es, nos han enseñado a esperar.

Definitivamente los tiempos han cambiado, y ¡vaya que han cambiado!, aunque sólo sea superficialmente. Hay mujeres que han cambiado mucho por fuera, pero yo estoy segura de que por dentro siguen siendo una síntesis de tradiciones sin sentido. Las mujeres que han triunfado son las que han cambiado por dentro, las que han luchado sinceramente por lo que creen, pese lo que pese y digan lo que digan. Una lucha que no tiene nada que ver con los sexos ni la igualdad, sino una lucha personal. ¡Esas mujeres que han triunfado son las que se escapan del castillo en busca del príncipe o del reino entero!

Hoy salí a la calle y en un semáforo vi a una señora como de cincuenta años vendiendo chicles; lo que más tristeza me dio fue que estaba descalza y el pavimento estaba muy caliente por el sol. Se notaba que llevaba mucho tiempo sin usar zapatos, porque la planta de su pie parecía haber formado ya una suela. Me dio tanta tristeza que me quería quitar mis chanclas y dárselas. Pensé y regresé a mi casa y metí en una bolsa de plástico tres pares de zapatos que ya no usaba. Además, creo que ella calzaba más o menos igual que yo. Regresé a la misma esquina del semáforo y le entregué la bolsa diciéndole: "Tome, señora, son unos zapatos", me contestó:

"Gracias", aunque no muy contenta. Me seguí y me di la vuelta en "U" y me tocó otro semáforo y tuve tiempo para observarla. Se asomó para ver lo que había en la bolsa y la tiró. Siguió caminando descalza sobre el piso ardiente y parecía querer seguir sufriendo, yo creo que así causaba más lástima, como me la causó a mí. Lástima me dio pensar que me preocupé por esa señora. Un tiempo atrás mencioné que me afectaba ver a la gente de la calle y que yo no podía ser completamente feliz sabiendo que existían personas tan desafortunadas, pero ya no voy a dejar que eso me afecte. Cada quien tiene sus circunstancias y no hay nada más triste que querer dar lástima. Creo que sólo hay que ayudar al que lo pide, y casi siempre el que quiere dar lástima no sabe vivir de otra manera, incluyendo a la gente que tiene zapatos. Esto que vi en la calle es exactamente lo que sucede con las personas que no viven en la calle. Aprendí que uno no debería de adjudicarse los problemas de otros ni sufrir por ellos.

Mi manera de pensar cambió, y no fue por convertirme en una persona insensible o egoísta, simplemente abrí los ojos. Desde que soy niña me han enseñado que uno debe compartir con los que no son tan afortunados, pero con el tiempo de alguna manera esa enseñanza se fue convirtiendo en una culpabilidad innecesaria. Ese momento en el que yo ayudé a la señora que no tenía zapatos y los tiró, me di cuenta que así como existen los que saben recibir, también existen los que reciben sólo para echar todo a la basura y seguir dando lástima. ¿Y qué significa saber recibir? Yo creo que el que sabe recibir es el que convierte lo que le das en algo más grande, en algo que funciona. Es importante dar, pero creo que es todavía más importante saber recibir.

Hoy es un día más en la vida de un ser cambiante: yo. Todo lo que yo pienso es tan abierto como lo es una mente que goza con las nuevas experiencias, una mente que no se cierra a las posibilidades de diferentes verdades. La existencia es una aventura, y es emocionante cuando ves la vida como un eterno aprendizaje, que no tiene rumbos asignados, más que los que uno planea. Muchos creen que el destino ya está trazado, pero, ¿de qué servirían el dolor, el amor, la felicidad, la tristeza, si todo ya estuviera escrito? No servirían como lecciones y las experiencias no tendrían sentido.

¿Cuántas cosas en la vida no tienen sentido? No creo que tenga sentido una flor artificial. No tiene sentido vestirse de negro cuando alguien se muere. No tiene sentido la pregunta "¿me quieres?". No tienen sentido los insultos. Creo que cuando insultas a alguien y lo hieres es afirmarle que carece enormemente de algo. Hay una frase que me gusta mucho; una tía mía la compartió conmigo, y dice así: "Quiéreme más cuando menos me lo merezca".

Puede que ésta sea una forma de querer más espiritual y no tan terrenal; sin embargo, creo que nuestro fin es espiritual, y el "poner los pies en la tierra" es para recordarnos que estamos arriba de ella.

"Significado" es algo que varía para todos, pero que existe, y existe en donde menos te lo imaginas.

No sé cuánto tenga que ver mi estado de ánimo con la percepción que tengo sobre la edad y lo que significa madurar. Todo lo que hacemos nos va transformando, pero cuando me siento triste o enojada, muchas veces es porque las cosas no han salido como yo esperaba. El que mi estado de ánimo cambie tan bruscamente me hace pensar si lo que me pasa no es en realidad un ataque de "infantilismo".

Ser infantil es creer que todo debe salir como lo planeas y, si no es así, se te cierra el mundo y te cae encima una terrible sensación de impotencia. La impotencia es el detonador de cualquier reacción frustrante, como dice Fernando Savater: "El resentimiento reprocha como moralmente malo la posesión de cuanto él no posee, los dones de que carece, los riesgos que no se atreve a correr, los placeres que sería incapaz de compartir. Es la articulación moral de la envidia, la expresión ética de la impotencia". La envidia es una forma de infantilismo. Todos hemos sentido envidia y la verdad no es que uno sea malo o le desee un mal a alguien, simplemente la impotencia que uno siente desata emociones fuertes, tal vez por las mismas ganas que tenemos de superarnos. A lo mejor si no sintiéramos impotencia, no llegaríamos a triunfar en la vida. Lo importante es que la impotencia no se quede en sólo eso, sino que se transforme en potencia. El infantilismo que en ocasiones nos domina es una manera de querer frenar la responsabilidad por miedo a crecer y a hacernos viejos, como si la responsabilidad significara vejez. Mucha gente lo ve así porque, entre más mayores somos, adquirimos más responsabilidades, pero nada tiene que ver la edad con la responsabilidad. Reaccionar como niños es no aceptar el proceso del tiempo como madurez y verlo sólo como deterioro. En este momento ya no sé de qué estoy hablando: si de impotencia, envidia, infantilismo o de la edad, pero sí sé que el estado de ánimo lo es todo en la vida y que, entre más aceptemos las situaciones que se nos presentan como principios de acciones, sabremos que toda acción debe estar encaminada a la superación y no quedarnos pensando en las malas reacciones de las que nos arrepentimos, porque sólo sería estancarnos en estados de ánimo negativos.

Hay personas que viven escondidas dentro de sus propios cuerpos. Las personas que no son congruentes con su mirada son las que no son fieles a su esencia y, por lo tanto, no pueden ser felices. Es increíble cómo hay personas que le dedican tanta energía a las apariencias, que se siente el peso de su presencia; de alguna forma, tanto insistir rompe con el fluir de una buena vibra. Sí creo que la buena y la mala vibra existen, y la vibra depende de qué tan buenas o qué tan malas son las intenciones de una persona. Las intenciones son como el núcleo de lo que uno hace, y parece que existiera un radar de intenciones en cada esquina del mundo con el poder de descifrar si son buenas o malas, para que se te regresen en algún momento de tu vida. No importa qué hagas, sólo importan tus intenciones, y yo creo que una buena manera de darte cuenta si las intenciones de alguien son buenas o malas es por la vibra que sientes cuando esa persona está cerca. ¡Las intenciones son las que producen el resultado de todas nuestras acciones!

Hoy pregunto al aire, ¿por qué en ciertas ocasiones me limito a vivir tantas experiencias, o por qué me reprocho tantas cosas? ¿Con el fin de qué? En vez de preguntarle al aire, debería de preguntarme a mí misma.

El aire sólo me va a contestar aire. Si me contesto esta pregunta, lo único que puedo decir es que "me limito y me reprocho por el simple hecho de hacer lo que estoy acostumbrada a hacer".

Uno se acostumbra a todo, sin saber por qué. Nos acostumbramos a sentir, a veces sin de veras sentir. Me refiero a que muchas veces creemos que sentimos algo porque es lo que esperan de nosotros. ¿Y qué tal si por primera vez no es así? En vez de explorar lo que sí hay dentro de nosotros, hacemos lo que esperamos de nosotros mismos. La costumbre es una actividad que con frecuencia puede frenar la esencia de algo o de alguien. En el caso del amor, qué es más fuerte, ¿el amor o la costumbre? La verdad, es más fuerte el amor. Cuando dicen que la costumbre es más fuerte, entonces ya no es amor del que estamos hablando.

Siempre existe un conflicto en nuestro interior y de algún modo la mayoría de las veces es un conflicto entre lo que uno debe hacer y lo que uno quiere hacer. En realidad es fácil resolver este dilema: "Lo que uno debe hacer es lo que uno quiere hacer". Me refiero a un conflicto personal, donde realmente esté involucrado nuestro ser. Un conflicto en el que uno pueda descifrar que lo que falta para salir de él, es justamente eso: salir. La solución consiste en que no exista una limitante, como es el deber.

Parece que me la vivo juzgando todo y uno no debe juzgar. No sé si opinar desde el corazón sea juzgar. A lo mejor en algunos momentos me contradigo y, en lugar de corregirlo, prefiero dejarlo así porque todo esto es un proceso, y yo voy aprendiendo de lo que me equivoco o de lo que creo que ya sé. ¿Cuál será la diferencia entre opinar y juzgar? Quizás sean las intenciones. O tal vez sea el simple hecho de decir lo que dices porque lo sientes, y decir lo que dices porque lo ves. ¡Ni modo que nunca podamos opinar sobre una persona! Lo bueno de las opiniones es que pueden cambiar en cualquier momento y, si tenemos eso presente, hay que cambiarlas cuando hayamos descubierto lo contrario. Yo no soporto a quien se casa con una sola idea de algo o de alguien. Hasta a las personas con las que no tengo empatía trato de encontrarles un lado bueno, porque siempre lo hay. Eso sí, la mayoría de las veces la empatía es inmediata. Lo increíble de la química entre las personas es que existe a millones de kilómetros.

Ahora que no está en mí el deseo de conquistar lo inconquistable, pienso darle más valor a lo que está enfrente de mí. El reto ha sido siempre parte de mí y seguirá siéndolo, pero de alguna forma he aprendido que muchas veces también son triunfos lo que no nos cuesta tanto trabajo conseguir.

Definitivamente, los desafíos son para los que no aceptan la mediocridad, aunque hay retos positivos y negativos. El reto que se convierte en capricho o que se convierte en obsesión es lo que yo considero "lo inconquistable". El reto que se convierte en pasión es un desafío lleno de intensidad, que traerá un resultado inigualable si se logra conquistar. Para mí, la diferencia entre pasión y obsesión es la sensación que existe cuando se viven. La pasión es un amor desmedido por algo o alguien, la obsesión es tener en el fondo la certeza de que lo que persigues no es bueno y, sin embargo, te encarnas en ello con debilidad. ¡Eso es! La pasión es fortaleza, la obsesión es debilidad.

Nos libramos de algo que ya no nos sirve —o quizás eso se libera de nosotros— con el fin de convertirse en algo más. La basura que tiramos todos los días es como las creencias que dejamos atrás. Reciclamos las emociones y logramos darles otro rumbo. El arte de vivir es eso. Dejar que se transforme lo que creemos que ya murió. Si lo que llamamos vida no tuviera muerte, no sería vida. Porque cuando algo se transforma, es cuando comienza a tener sentido. Es como el día que se convierte en noche, sólo para recordarnos que el mundo funciona, siempre y cuando no se obstine en ser sólo una cosa.

*El mundo es un inmenso lugar que se vuelve chiquito
cuando por fin encuentras lo que buscabas.*

*El que va y viene pertenece al momento y un momento
deja de serlo cuando se le pide tiempo.*

*Cuando te hagan a un lado, da las gracias,
porque no todos tenemos la suerte de que nos guíen
hacia la dirección correcta.*

*Las lágrimas son parte de la vida, pero la risa
es la esencia de la vida.*

*Si quieres algo, búscalo; si quieres a alguien,
encuéntralo.*

La certeza se da cuando la razón y el sentimiento
se encuentran.

No seas lo que sueñas ser, sé mucho más.

El ridículo existe para los que creen que son perfectos.

No está ausente el que se va, sólo el que se olvida.

Cuando regresas a un lugar de donde escapaste,
puede ser que quieras escapar otra vez.

Sabes que has superado una situación,
cuando te ríes de ella.

*Ver hacia adelante o ver hacia atrás no importa,
si sabes a dónde vas.*

Las personas no son lo que dicen, son lo que hacen.

En los ojos puedes ver las intenciones de una persona, y en sus manos puedes ver qué tan capaz es para llevarlas a cabo.

No significa perder cuando no consigues lo que quieres, simplemente has logrado conformarte.

No es suficiente tener talento, se necesita convicción para lograr lo que quieres.

Todos hemos estado en el lugar equivocado en algún momento de nuestras vidas, pero unos permanecen tanto tiempo allí, que ya no saben distinguir la diferencia.

Dejar ir es mejor que retener,
porque soltar es potencial, y apretar es limitar.

Los retos son para los que no aceptan la mediocridad.

Si aún no sabes quién eres, no preguntes, responde.

Reconocer que existe la razón en alguien más es saber.

Estuviste a punto de resolver el problema,
cuando te diste por vencido.

Este último año ha sido una época clave en mi vida, porque fue un año de cuestionamiento constante. Nunca me había cuestionado tanto y creo que, por lo mismo, he llegado a descubrir cosas que he vivido y no las que sólo había aprendido a creer.

Descubrí este año que:

1. Nada es para siempre y todo es para siempre.
2. El amor es todo y el amor es nada.
3. No hay bueno ni malo, sólo instantes y experiencias.
4. No hay personas que me pertenezcan y yo no le pertenezco a nadie.
5. La libertad es interna.
6. Existe sólo lo que sentimos.
7. Muchas veces lo que veo no es con los ojos.
8. La espontaneidad es buena.
9. Nadie puede reemplazar a nadie.
10. Sí existe el amor de tu vida, pero no tiene que ser necesariamente tu pareja.
11. Nada es tan importante y nada es insignificante.
12. Dios está en todos lados.
13. Dios no es una religión.
14. La fe no tiene nada que ver con la religión.
15. La felicidad depende de uno mismo.
16. Reírnos es la mejor medicina.
17. Nunca es bueno quedarte con la duda.
18. Cuando quieres lograr algo, lo logras.

La lista podría seguir con palabras que yo ni siquiera sé, porque creo que he descubierto miles de cosas más que permanecen sin tomar forma.

Lo que más quisiera este año es no dejar pasar nada sin saber por qué está pasando.

Ya no me quiero preocupar por lo que no existe. Tiendo a crear ideas en mi cabeza, cuya única razón de existir es confundirme más. Quiero desenterrar todo aquello que pensé que me iba a limitar. Tuve en mis manos justo lo que yo quise tener. En mis manos estuvieron todas las experiencias que yo quise vivir. Solté sólo lo que se pudo pasar entre mis dedos, porque era lo que no me pertenecía.

Siempre cargamos lo que queremos, ni más ni menos.

Como las verdades no existen y sólo existe tu verdad y mi verdad, espero que todo lo que contiene este libro contribuya a tu filosofía de la vida y del amor, y que todos los días te preguntes si estás satisfecho(a) con tu vida.

Si lo estás, sabrás por qué, y si no, también sabrás por qué. Nada en esta vida sale sobrando, porque todo tiene su lugar, y sólo hay que acomodarlo.

Creo que no tengo nada más que decir.
Por el momento.

¿Quién es importante para mí?

"Mi familia"

- Mamá
- Papá
- Mi hermano
- Mi hermana mayor
- Mi hermana menor
- Mi cuñado Americano
- Mi cuñado Mexicano
- "yo"
- Alma Gemela
- Mi esposo
- Matsch, mi sobrino
- T.J., mi sobrino
- Ale, mi sobrina
- Camille, mi sobrina
- Mi tía Toshi
- Ana, mi amiga
- Pepito
- Pipe
- (mis dos amores)
- Bravo, mi perro

Ésta es mi familia, que forma una gran parte de la persona que soy. No los menciono por nombre, pero ellos son todo para mí y yo soy parte de ellos. Así que de alguna forma este libro se trata de todos nosotros. Para que conozcan a mi familia comparto con ustedes sus retratos. Como ven, yo soy una mezcla entre mi mamá y mi papá.

Mi madre es una de las personas más hermosas que conozco. De mi mamá saqué el sentido del humor, aunque me hubiera gustado tener sus ojos. Sí existe el amor incondicional que no se cansa de dar y es el amor que nace de mi mamá. Quisiera ser la mitad de lo fuerte que es y en este momento aprovecho para decirle que sin ella nunca hubiera aprendido a querer de la forma que quiero.

Mi padre es un monumento a la bondad, es transparente como el agua. De mi papá heredé su lindísima nariz. Quisiera sonreír con la sinceridad que transmite en sus ojos. Aprovecho para decirle lo mucho que lo admiro y que sin él nunca hubiera aprendido a recibir a todas las personas con la misma importancia.

Mi hermana menor, ella es mi otra mitad. Nada me hace más feliz que verla completa y nada me hace sentirme más triste que verla llorar. Quisiera tener su inteligencia emocional y su cuerpo. Quiero reafirmarle en estas líneas que sin ella nunca hubiera descubierto una fuerza muy grande que hay en mí.

Mi hermana mayor es realmente sentimiento puro. Me molesta que no sepa lo mucho que brilla. Quisiera tener ese instinto de franqueza que la abarca todita. Me encantaría tener su cutis y su pelo. Quiero que sepa que sin ella yo no hubiera aprendido a verle siempre algo bueno a las personas.

Mi hermano mayor, mi único hermano. Él es fiel a sus sentimientos y realmente no creo que le caiga mal a nadie. Él es alegría para mí. Quisiera ser tan entera como él y quiero decirle que sin él yo no sabría ver la esencia de cada persona.

Mi tía, la hermana de mi mamá, es mi segunda madre. La quiero con toda mi alma y aprovecho para decirle que la admiro por ser una mujer que ha triunfado en los corazones de los demás, por ser como es. Mi mejor amiga siempre ha sido un gran apoyo para mí. Ella siempre ha logrado lo que ha querido en la vida afrontando todos los obstáculos con inteligencia, disciplina y sobre todo con mucho amor. Quisiera ser tan organizada como ella, pero gran parte del encanto de esta amistad es que somos muy diferentes. Es un verdadero ejemplo de una persona que sabe lo que quiere y lo consigue. Quiero que sepa que la admiro y que si alguien me brinda seguridad, es ella.

Mi alma gemela sabe quién es. Todo lo que dejé de ser y todo lo que he llegado a ser hasta hoy es por haber compartido con él sus lágrimas y sus sonrisas que siempre supe que eran mías. Es cierto que existe una persona en la vida que nos da todo de una manera única, que logra penetrar el ser de una forma abstracta. A esta persona, a quien yo llamo mi alma gemela, quisiera decirle que estemos en donde estemos, no hay manera de que nos separemos. Corazón con corazón.

Mi perro es realmente guapo. Creo que no hay manera de educarlo, sin embargo, quiero que sepa que nada sería igual en mi casa sin su presencia.

Mi cuñado "el gringo". En realidad, es mi hermano. Se casó con mi hermana mayor después de muchos años y varias etapas. Para ella, primero fue "el amigo gringo de su hermano". Después, "su amigo". Años más tarde se convirtió en "su mejor amigo". Luego ya era, "como su hermano", tanto que le presentaba a todos sus novios. El último novio que le presentó le dijo a mi cuñado: "¡Cuídamela mucho, porque me voy a México!". Y como todo norteamericano, muy literal él, se la cuidó por el resto de su vida. Ahora mi hermana se refiere a él como el padre de sus hijos y el amor de su vida. Quiero decirle que me disculpe por no incluirlo en mi última edición, pero que me gusta guardar lo mejor para el final. Le quisiera decir que lo quiero muchísimo y que ya puedo explicarle perfectamente lo que significa "spaghetti and meatballs".

Mi Pepito, mi primero. Es un pedacito de amor eterno. Es el niño más bueno y sensible. Cada día aprendo algo de él. Sus ojitos por la mañana, son mi razón de ser y su sonrisa, cuando me dice "madre", es mi medicina. Quiero que sepa que siempre estaré para él y que espero, con todo mi corazón, ser la mejor madre del mundo, porque a su corta edad (dos años), él ha sido una inspiración para mí y también ha sido una de las mejores cosas que me ha pasado. Te amo, precioso.

Mi Pipe. Un torbellino de energía. Un despertar. Una cosa maravillosa que cada día me enamora más. Me veo en él. Llegó a mi vida inesperadamente, como lo hacen los regalos y las sorpresas. Es un bebé que me da vida y una razón más para querer seguir en este mundo. Quiero decirle que gracias a él, sé lo que es ser madre de verdad. Juntos hemos pasado momentos difíciles y juntos los hemos superado. Que sepa que así será siempre. Juntos.

Te amo, enano verde.

A mi marido, que ahora es el padre de mis hijos, le doy las gracias por ser un padre excepcional y extraordinario. Cuando lo veo cocinarles a sus hijos, cambiarles el pañal, peinarlos y echarles colonia, ¡me lo quiero comer a besos!

Te amo y sabes de sobra lo que pienso de ti. Eres perfecto para mí y siempre estaré para ti. Eres mi mejor amigo, mi novio y mi esposo. La verdad, no creo que haya parejas que convivan tanto como tú y yo y que sigan disfrutando cada plática como si fuera la primera. El alma gemela es alguien que llega a tu vida con alguna experiencia que te llevará a niveles más altos de espiritualidad y no es tanto la persona, sino la experiencia que trae para ti. Tú, en cambio, eres y siempre serás el amor de mi vida. El resultado de haber traspasado esa experiencia y haber comprendido el sentido del amor verdadero. Amor sin dolor. ¡Amor del bueno!

Gracias Pichilin.

Mi cuñado mexicano. Después de muchos años de conocerlo, nunca me imaginé que sería mi cuñado. Esposo de mi hermanita. Se puede decir que lo vi crecer. Quiero que sepa que se ha ganado a pulso un lugar especial en mi familia. Creo que todos en la vida tenemos momentos en los que quizá no sabemos a dónde vamos, pero por lo menos, sabemos con quién estamos y eso es un gran paso a un buen futuro. Quiero decirle que le deseo ese gran futuro con mi hermana y que de ese amor que poco a poco han ido construyendo salga algo mucho más grande. *Love you.*

Mi sobrino T.J. Es un niño muy especial, siempre lo supe. Es dulce y bueno y sabe muy bien lo que quiere. A parte de ser guapísimo, es sensible e inteligente. Quiero que sepa que lo amo y que siempre podrá contar conmigo. Espero que nunca dejes escapar esa parte tuya tan bonita.

Mi sobrina Alejandra. Rebelde sin causa. Ella sabe que tiene el potencial para ser lo que quiera, pero creo que a veces no lo cree. Su belleza por dentro y por fuera brilla y su fuerza la hará lograr lo que quiera. Es rápida y tiene una voz angelical, ojalá se proponga desarrollar alguno de sus talentos, porque sabe muy bien que tiene de dónde escoger.

Te amo hermosa.

Mi sobrina Camilla. Ella sabe lo que quiere. Siempre lo ha sabido, desde que era una bebé. Sus ojos verdes y enormes son tan claros como sus intenciones. Es una niña muy inteligente y cariñosa, llena de amor y puntadas. Chistosa, chistosa, podría decir que es un poco como era yo de chiquita. ¡Es larga, larga, flaca, flaca y verdaderamente preciosa, preciosa!

¡Te amo con todo mi corazón, Carmelita!

Mi sobrino Matush. Es un niño espiritual y precioso. Creo que es la persona más valiente que conozco. Como quisiera tener la sabiduría que tiene él. Sé perfectamente que va a ser alguien importante. Ha sido el centro de muchas cosas, como lo es el amarillo de un girasol. Gracias, mi niño hermoso, por ser tan fuerte y disciplinado. Quiero que sepas que me siento muy orgullosa de tenerte como sobrino y que quisiera poder convivir mucho más contigo.

Te amo, Matusko.

el principio

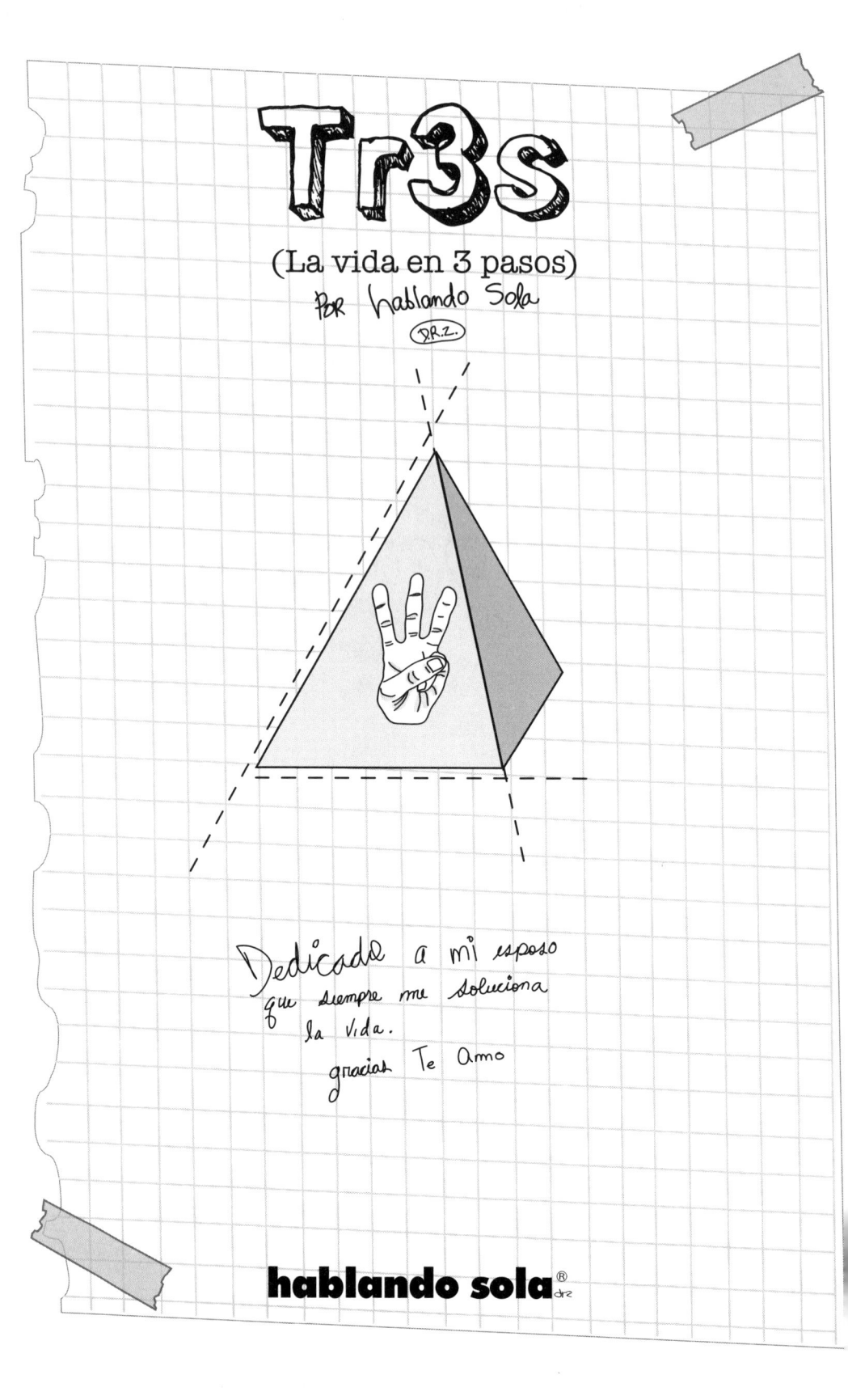

Tr3s

(La vida en 3 pasos)

Por hablando Sola

DR.Z.

Dedicado a mi esposo que siempre me soluciona la vida.
gracias Te Amo

hablando sola®

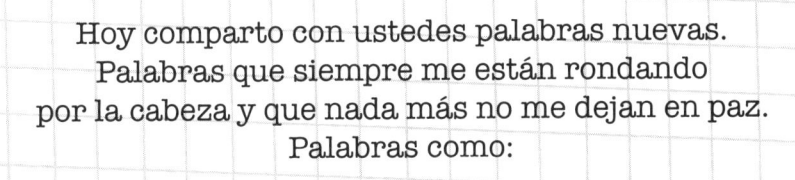

Hoy comparto con ustedes palabras nuevas.
Palabras que siempre me están rondando
por la cabeza y que nada más no me dejan en paz.
Palabras como:

Problema, evolución, cambio, abrir, cerrar y liberar.
A veces pienso que si dedicamos tiempo, corazón y mente, podemos lograr lo que nos propongamos. La vida es quizá más sencilla de lo que nos imaginamos y todavía es más sencillo resolver los dilemas. Este último año, o mejor dicho, estos dos últimos años, pasé por muchos problemas, entre ellos dolor y mucha tristeza, pérdidas. Todos los días, incluyendo mis noches, pensaba y pensaba en cómo encontrar una fórmula para resolver los problemas de la vida. Me decía: "Debe de haber una fórmula única para cualquier situación". Y al ver la hora en el reloj, me vino una idea: "¡Tres!" Eran las tres de la mañana y el tres era la respuesta que estaba buscando. Apunté rápidamente en un papelito el número tres para que no se me olvidara y me volví a dormir. Al despertar, ni siquiera tuve que mirar el papel, el número tres se repetía constantemente en mi cabeza. Antes de comenzar a compartir con ustedes mi método, quiero agradecer a mi Pipe, el más pequeño de mis dos hijos, por tenerme siempre alerta con esos repentinos despertares que seguramente me están queriendo decir algo. Estoy segura que este año lo resolveré.
Te quiero más de lo que te imaginas.

"Tr3s"

Creo profundamente que todo en esta vida tiene solución, pero como la palabra "solución" parece inalcanzable para muchos, prefiero pensar que cada circunstancia tiene una evolución.

No es necesario estudiar filosofía, ni psicología, ni ciencias. No es necesario estudiar, punto. Lo único que es imprescindible es dar un salto.

Un cambio prácticamente instantáneo, que ocurre con tres pasos.

"3"

¿Por qué tres pasos? Teniendo un techo, un suelo y un soporte: El "3" es el número más completo y preciso que hay. Un triángulo es eso. La rigidez del triángulo hace que sea utilizado en cantidad de estructuras en la construcción. ¿Se puede resolver cualquier problema en tres pasos? Pienso que sí. Nos han enseñado desde pequeños a comenzar algo con la famosa frase: "a la una, a las dos y a las tres". Empezamos una carrera con tres partes: "En sus marcas, listos, fuera". Hay una infinidad de significados con el número tres, en la religión, las ciencias y en la naturaleza, sin embargo, fue lo más sencillo lo que me llevó a pensar que en tres pasos se puede lograr un cambio importante. Se trata de simplificar. Así que pensé en las matemáticas. La palabra "matemáticas" viene del griego y significa: "aprender". La palabra "álgebra", por ejemplo, viene de la palabra árabe: "al-gabru", que significa: componer. Debemos aprender para componer lo que está descompuesto.

Iniciemos con lo más simple de las matemáticas:

"Restar"
Si tengo tres problemas y le resto uno,
me quedan dos.

"Dividir"
Si tengo un problema y lo divido entre tres,
tengo una fracción de ese problema, sólo parte
del problema.

"Sumar"
Si voy simplificando el problema,
debo de ir sumando acciones.

¿Qué quiero decir?

Si yo comienzo con la verdad y sólo la verdad
de mi problema, en ese instante estoy restando
uno de mis problemas, porque la verdad simplifica,
hace menos cualquier carga.

Si yo divido el problema, quiere decir que
comparto mi problema con los demás. Hablo de él
y pido ayuda. Divido mi problema entre personas
que quizá tengan mejores soluciones que yo.

Si voy sumando lo que me imagino
que pueda yo hacer para resolver mi problema,
voy encontrando soluciones.

- Encontrar tu verdad
- Hablar
- Actuar

Estos tres pasos, al final, te llevan a la evolución, que es liberación.

La "verdad" es un hecho. La "verdad" no puede variar. Es única y es el principio.
¿Cómo encontrar la "verdad"? Ir hacia atrás.
Viaja al primer momento de tu problema.
Recorre un camino hacia el principio de todo.

Primera parte de la Evolución.
"La verdad los hará libres".
Juan 8:31-32

Restar es el suelo. El suelo es donde reside la verdad, donde tienes los pies.
La base del resto del triángulo; el proceso. Del suelo para arriba.

"Hablar"

Necesario. Es como respirar. Expresar con palabras es una forma de sanar de manera inmediata.
Alivia como el hielo sobre una quemadura. El que se encuentra a punto de explotar, debe hablar.
Es una forma de liberar.

Segunda parte de la Evolución.
Dividir es el soporte. El soporte es "hablar".

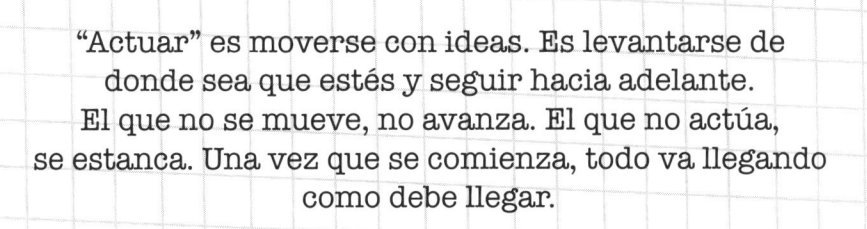

"Actuar" es moverse con ideas. Es levantarse de donde sea que estés y seguir hacia adelante. El que no se mueve, no avanza. El que no actúa, se estanca. Una vez que se comienza, todo va llegando como debe llegar.

Sumar es el techo, el techo es "actuar". Cuando has logrado los tres pasos, llegas al remedio que te lleva a la liberación.

"Liberar"

Soltar. Dejar ir. Poner en libertad. La "liberación" te librará de la carga.

De alguna manera esta parte es simplemente continuación de los tres pasos bien logrados. Un resumen del proceso de evolución es el siguiente:

Cuando nos encontramos en una vida que sólo se siente como un problema, debemos construir una forma que nos ayude a salir sin más heridas de las que ya tenemos. Para curar heridas hay que crear un triángulo con base en las matemáticas más simples. Restando y dividiendo, y sumando para liberar y al final "unir". Uniendo se cura. Los vértices del triángulo son las uniones. Al unir las puntas, se cierra el proceso.

Al cerrar el proceso estas abriendo la puerta a la iluminación. Cuando se logra este proceso de evolución de forma correcta, se llega al punto de "inspiración".

"Inspiración"

Hay momentos en la vida que llegan como una mañana fresca en un atardecer o una noche fría. La mañana de tu día es tu inspiración. Un despertar, abrir de ojos y comenzar. Certeza es inspiración. Tranquilidad es inspiración. Cambio es inspiración. La inspiración es "la idea". Cuando tienes una idea, estás inspirado.

Literalmente "Inspiración" significa "recibir el aliento"; el aliento de Dios. Así que si no estás abierto a recibir, no puedes inspirarte. Abrir después de cerrar es una transición. Necesario para cualquier avance. Si no sientes que recibes inspiración, no la busques. En cuanto hayas cerrado tu proceso, esa ventana se abrirá. Ten eso por seguro.

"Idea"

¿Qué es una idea? Palabras, imágenes. Sentimientos, descubrimiento. Si no fuera por las ideas, no tendríamos ningún tipo de cambio ni evolución. Está claro que antes de una idea está la inspiración y antes de la inspiración, la iluminación. Cuando tengas una idea, debes aferrarte a ella. Las ideas vuelan en el aire y alguien más las puede atrapar. Tu idea puede acabar en manos de otra persona que está receptiva y se abre al universo. Tu mente es la ventana y no debes cerrarla.

Ahora me despido y los dejo con mi idea a la cual nombré "Tr3s". Estoy más inspirada que nunca y con una alegría profunda al saber que he creado una fórmula para resolver problemas de todo tipo. Quizá les parezca un poco ridículo que crea que descubrí algo muy importante, pero ¿les digo una cosa? En la vida, lo que nos parece complicado, a veces es muy sencillo. ¿Por qué no aplicar una solución sencilla, en vez de complicada? Total, mi manera de escribir y expresarme siempre ha sido para que todo el mundo se pueda identificar y es por eso que llegué a mi famosa fórmula 3. Espero de todo corazón que con este nuevo capítulo que ahora les entrego puedan evolucionar como personas y que realmente resuelvan muchos de sus problemas.

Mi fin en esta vida es espiritual
y creo que ayudando lo lograré.

DRZ

Sumar — Techo — Actuar

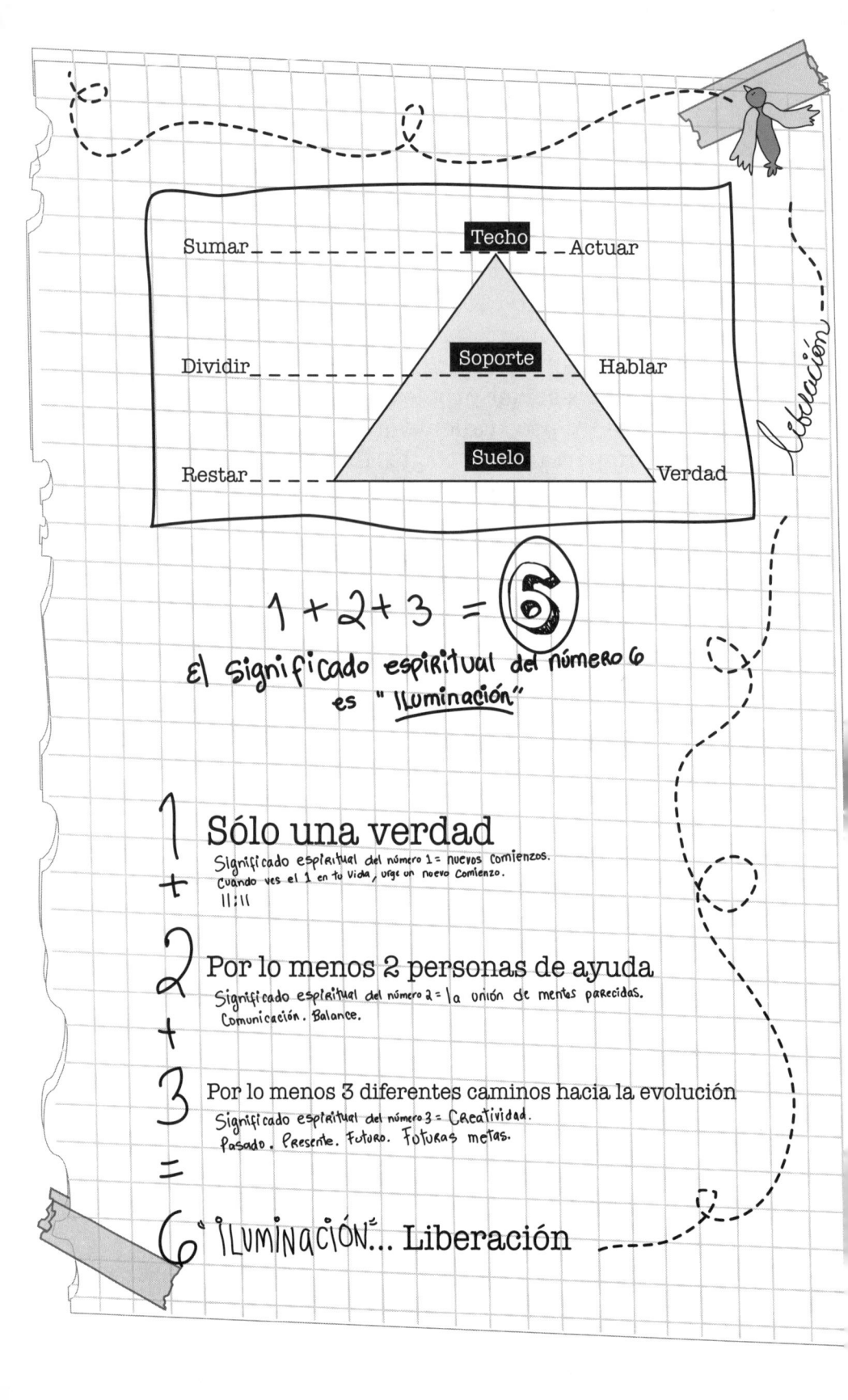

Dividir — Soporte — Hablar

Restar — Suelo — Verdad

Liberación

$$1 + 2 + 3 = 6$$

El significado espiritual del número 6 es "_Iluminación_"

1+ Sólo una verdad
Significado espiritual del número 1 = nuevos comienzos.
Cuando ves el 1 en tu vida, urge un nuevo comienzo.
11:11

2+ Por lo menos 2 personas de ayuda
Significado espiritual del número 2 = la unión de mentes parecidas.
Comunicación. Balance.

3 Por lo menos 3 diferentes caminos hacia la evolución
Significado espiritual del número 3 = Creatividad.
Pasado. Presente. Futuro. Futuras metas.

= 6 "ILUMINACIÓN"... Liberación

Ejercicios

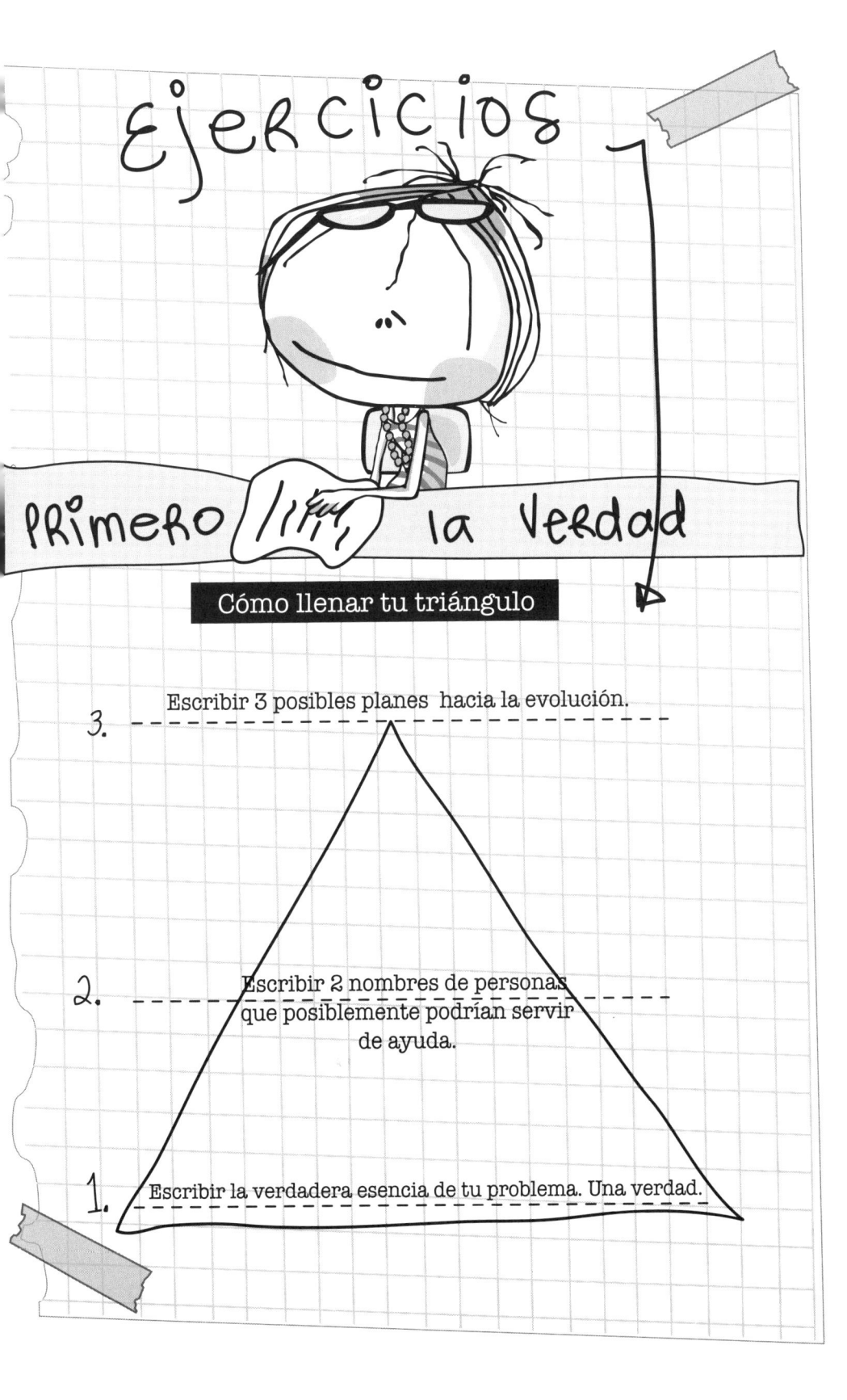

Primero la Verdad

Cómo llenar tu triángulo

3. Escribir 3 posibles planes hacia la evolución.

2. Escribir 2 nombres de personas que posiblemente podrían servir de ayuda.

1. Escribir la verdadera esencia de tu problema. Una verdad.

Problema

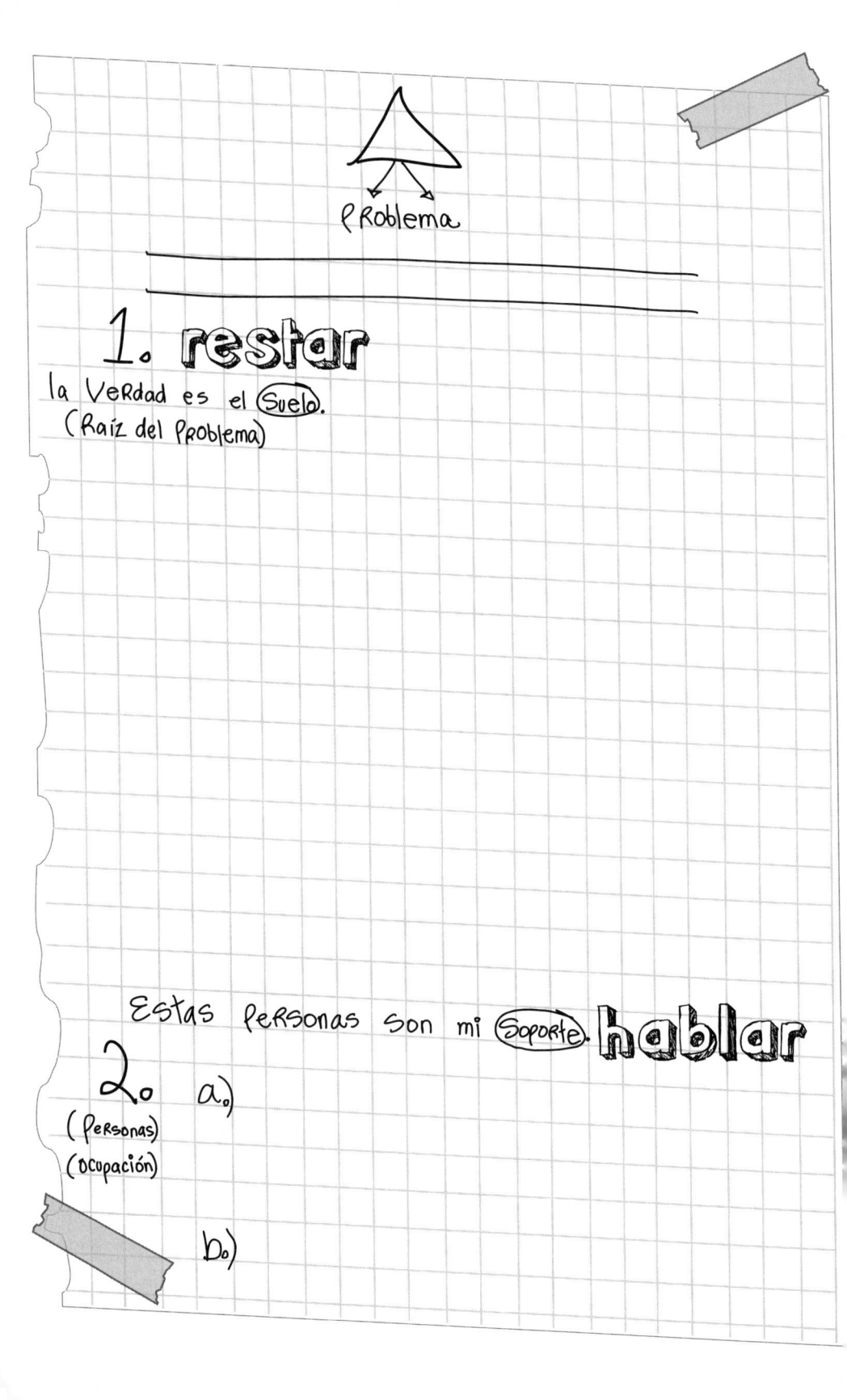

1. restar
la Verdad es el (Suelo).
(Raíz del Problema)

Estas personas son mi (Soporte) hablar

2. a)
(Personas)
(Ocupación)

b)

¿De qué forma pueden ayudarme?

Persona 1:

Persona 2:

③ opciones
Evolución del Problema
éste es el (techo). **actuar**

1.

2.

3.

El Desarollo

1.
(PRimeRa opción)

El Desarollo

2.
(Segunda opción)

El Desarollo

3.
(Tercera opción)

En esta hoja escribo mi mejor opción y cómo pretendo llevarla a cabo.
No pienso abandonar mi problema hasta que encuentre el remedio.

Si Realmente me lo propongo con disciplina y entrega, puedo lograR lo que yo quieRa. dpz

* la Vida me da una opoRtunidad nueva cada mañana. la voy a apRovechaR. dpz

* Hay cosas que se solucionan dejándolas en paz y confiando en el pRoceso de la vida. dpz

* Un pRoblema siempRe tiene RepaRación. dpz

* Soy siempRe el pRoducto de mis decisiones. dpz

El amor es inspiración...
Es la fuente de cualquier creación...

Inspírate y crea tu propia
versión del poema de
hablando sola

Si el amor fuera número_____
Si el amor fuera comida_____
Si el amor tuviera forma_____
Si el amor fuera animal_____
Si el amor fuera persona_____
Si el amor fuera tela_____
Si el amor hablara_____
Si el amor fuera objeto_____
Si el amor caminara_____
Si el amor fuera ropa_____
Si el amor fuera un desastre natural_____
Si el amor fuera flor_____
Si el amor fuera color_____
Si el amor fuera risa_____
Si el amor fuera lágrima_____
Si el amor fuera un paquete_____
Si el amor fuera médico_____
Si el amor fuera una carrera_____
Si el amor fuera canción_____
Si el amor fuera letra_____
Si el amor fuera pintura_____
Si el amor fuera poema_____
Si el amor fuera refrán_____
Si el amor fuera calle_____
Si el amor fuera visita_____
Si el amor fuera despedida_____
Si el amor fuera petición_____

Mi espacio

- Mi edad
- Mi nombre
- Cuando compré mi libro
- Mi frase favorita

hablando sola
de Daniela Rivera Zacarías,
se terminó de imprimir en mayo de 2016
en Programas Educativos, S.A. de C.V.
Calzada Chabacano 65 A, Asturias
Ciudad de México